日本一の幽霊物件
三茶のポルターガイスト

横澤丈二

幻冬舎文庫

日本一の幽霊物件

三茶のポルターガイスト

日本一の幽霊物件　目次

2章 1995〜1999年
ヨコザワ・プロダクション30年心霊史

3章 2000〜2006年
ヨコザワ・プロダクション30年心霊史

4章 1967〜1990年
ヨコザワ・プロダクション30年心霊史

ヨコザワ・プロダクション30年心霊史

5章 2007〜2023年

ヨコザワ・プロダクションで起きる心霊現象

・急に線香の匂いが立ち込める
・電気の明滅
・天井や壁から手が出てくる
・濡れた女の出現
・ポルターガイスト現象
・鏡から水が吹き出す
・ワームホール化（異次元への窓）現象
・部屋中で鈴の音が鳴る
・謎の声
・裸の子どもの幽霊が出る
・人間への物理的接触
・あるはずのない物品の出現
・宇宙人の出没
・その他多数

〈稽古中に偶然スタッフが手を見つけて撮影した写真〉

（写真上）稽古場の玄関から入って正面に見える壁から白い手が出現。スタジオ生たちも気づいていたが、全員見慣れているので誰も稽古を止めなかったし騒ぐこともなかった。（写真下）拡大したもの。

深夜に定点カメラを設置して撮影に成功した写真。
右上から白い手が伸びている。

こちらも深夜に定点カメラを設置して撮影に成功した写真。女性の霊が床あたりから出現し右側のトイレのドアまで歩いて行く途中に、くるりと振り返った瞬間。

YouTube チャンネル『角由紀子のヤバい帝国』で撮影された手の写真。
この時は３回も手が出現した。

稽古場に置かれた鏡から水が出る心霊現象。

はじめに

はじめまして、ヨコザワ・プロダクション代表の横澤丈二です。
読者の皆様、三茶のポルターガイスト物件にようこそ！

まさか東京のお洒落スポット・三軒茶屋に最恐の心霊スポットがあるなんて……。と色々な方に驚かれるのですが、実は存在するのです。私は、1992年からその最恐のスポットにアクターズスタジオを構え、稽古場でたくさんの俳優の卵たちとともに様々な歴史を歩んできました。多くのスタジオ生（劇団員、所属していた俳優、生徒、以下まとめてスタジオ生と呼ぶ）が、役者としての感動だけでなく心霊現象を経験して成長してきたと思います。私自身も信じられないような経験を多数積み重ね、今に至ります。

この本では、私が代表を務める「ヨコザワ・プロダクション」の30年以上に及ぶ歴史を振り返りつつ、稽古場でともに歩んできた〝この世ならざる者〟たちの「心霊史」をメインに紹介していきたいと思っています。

なぜ、そんなに心霊現象が起きるのに今までメディアで発表しなかったのかとよく聞かれるのですが、正直なところ「うちのような場所はほかにもごまんとある、大した心霊現象ではない」と私が思い込んでいたからです。

この本を手に取ってくださった方々は、おそらく総じてみなさん心霊現象に興味があることと思います。私も、心霊やオカルト話が大好きな人間です。色々なホラー映画や物語に触れていく内に、恐怖心が好奇心に変わり、長年自分の周りで起きている心霊現象は「地味」だと判断してしまっていたわけです。今思うと幽霊に大変失礼な気もしますが、当時はそんな評価でしたし、スタジオ生から「メディアに出たら？」などとけしかけられることもなかったので、何も考えずにただただ心霊体験の経験値を上げていた30年でした。

けれども、オカルトに詳しい方との出会いをきっかけに「うちの稽古場は結構レアな場所である」「うちの幽霊は意外とすごいらしい」ということが判明し、オカルトが好きな方に喜んでもらえるならばと発表するに至った次第です。

これから私が語る内容は、すべて実際に起きたことです。ですが、現象に対する解釈や考察は憶測の域を出ません。ですから、なぜ心霊現象が起きるのかという理由に関してはまだはっきりとした答えは見つかっていませんし、そもそも私が幽霊と呼んでいるものが本当に幽霊なのかもわかりません。宇宙人かもしれないし、異次元の存在かもしれない。でも、この世ならざる者が出現しているということは事実です。一体彼らが何者で何の目的で出現しているのかは、この本を読んでくださる皆様のご判断にお任せします。

幽霊は確実に我々を〝見ている〟

ただ、一つだけわかったことがあります。本書を書くにあたって丹念に歴史を振り返ると、我々が演じてきた舞台の内容と同調した幽霊が常にその都度出現し、新しい現象を生み出してきたという事実が浮かび上がったのです。つまり、幽霊は我々の舞台を見てくれていたということです。中にはとても怖い経験もあったのですが、今思うと「警告」だったのかもしれません。

オカルト好きだとどうしても〝自分が幽霊を見る〟ということに執着して忘れがちですが、幽霊も私たちを見ていて、常に我々のそばに存在し、ともに生活していることがこの本を読んでいただければわかると思います。本書を通じてこの世ならざる者への知見を広げることで、今いるこの世界の見え方が変わりますし、死への恐怖や、自分の心の在り方にも変化が見えてくると私は思っています。

稽古場で起きた多種多様な心霊現象を皆様に知っていただくことで、少しでも、彼らの存在を認識してもらえると嬉しいです。

それでは、オカルトが棲む稽古場への旅をお楽しみください。

２０２３年２月

横澤丈二

ヨコザワ・プロダクションと三軒茶屋

霊感がなくても、誰でも謎の存在が見える場所――ヨコザワ・プロダクションは、三軒茶屋の駅から歩いて2分程度の三角地帯に立地している商業ビルの4階にある。ここは普段、私のもとに通う俳優の卵や劇団員たちが、練習用の舞台として利用している稽古場なのだが、正直言って入居してから31年間、怪奇現象が起こらなかった日の方が少なく、見ようと思えばいつでも〝存在〟が見えたり感じたりできる場所である。約130人在籍している私のスタジオ生たちも、そのうちの7割が何らかの心霊現象と遭遇しているし、夜の部の練習に来る劇団員に絞ればほとんどが幽霊を目撃している。

よく、「そんなに幽霊が出るということは、事故物件なんですか?」という質問を受けるのだが、決してそういうわけではない。人が殺されたという話も聞かないし、自殺や孤独死をしたという話も聞かない。ではなぜ幽霊が出るのかということを突き詰めていくと、やはり三軒茶屋という地域とは切り離せない気がしているのだ。

東京大空襲を超える焼失被害があった三軒茶屋

三軒茶屋は、芸能人や劇団員、デザイナーなどが多く住む栄えた町として知られているが、昔から交通の便もよく、人で賑わい、商店街の多い場所だった。元々、江戸期には太子堂村と呼ばれていたのだが、現在の世田谷通りと玉川通りの分岐点に3つの茶屋があり、神社に参る道中の休み処として一般に知られたことがきっかけで「三軒茶屋」と呼ばれだした。

明治30年代になると、三軒茶屋一帯は集中的に軍事施設がつくられ、明治40年には、玉電（玉川電気鉄道）が開通。関東大震災で家を失った都心に住む人々が、交通面で便利な三軒茶屋に多く流入し、人口が急増した。

しかし、太平洋戦争の大空襲で、世田谷区の中でも軍事施設が集中していた三軒茶屋周辺は重点的に攻撃を受ける。特に、ヨコザワ・プロダクションが入るビルが立地している周辺地域への空襲は、焼失面積だけでいうと東京大空襲を超える被害で、投下された焼夷弾も倍以上。死者数は東京大空襲ほどではないものの、それでも4500人近い市民がたった2日間で亡くなったといわれている。

そして戦後。古くから交通の要衝であった三軒茶屋にはヤミ市に始まり、多くの商店や飲食店、映画館が建てられた。現在は「キャロットタワー」をはじめ再開発により整備された区域がある一方で、昭和期のレトロな雰囲気を漂わせたままの区画も残っている。その一つが、ヨコザワ・プロダクションのある、三角地帯だ。

古井戸のトに建つヨコザワ・プロダクション

現在この三角地帯は、新宿のゴールデン街のような飲み屋街となっているが、かつてはヤミ市場だった。そのヤミ市場には様々な食料品店やその店の2階に住む住人らに利用された古井戸が2つあったそうだ。そして、そのうちの一つが、うちのビルの真下にあったといわれている。つまり、うちのビルは、古井戸を埋めた上に建っているということになる。

稽古場で起きる心霊現象との関連は定かではないのだが「風水的な視点から見ても、井戸の上に家を建てることは凶相といわれているから、それが原因で幽霊が出るのではないか」と人から指摘されたこともある。真相はわからないが、後述するように、うちの稽古場以外でも、ビルやビルの周辺で心霊現象が起きていることは確認している。やはり、何かこの土地が関係しているのではないだろうか。しかも、全部ではないが、うちで起きる心霊現象は〝水〟に関連した事象も多い。やはり井戸と関連があるのではないだろうか……。勝手な憶測ではあるのだが、とにかくそんな場所なのだ。

もう一つ、注目すべき点がある。うちのビルの住所をGoogleストリートビューで調べると、ビルの内部でランドセルを背負った小学校低学年くらいの2人が歩いている写真が出てくるのだ。しかし、ビル周辺は完全な飲み屋街のため、小学生を目撃することはほとんどない。しかも、ストリートビューの写真奥に写っている少年の手の周辺から、もう1本別の手のようなものが出ているのだ。さらに、手前の少女の顔はくっきりと写っているのに、ぼかしが入っていないのも奇妙な点。通常、顔が写っていたらGoogle側が顔全体にぼかしをかけるからだ。しかも、少女が写っている場所は、普段ゴミ箱が置いてある場所なのに、それが写っていないのも疑問だ……。

前置きはこれくらいにして、ここからは、ヨコザワ・プロダクションで起きた様々な心霊現象を稽古場の歴史を追いながら紹介していこうと思う。もちろん、中には勘違いだったり、科学的に説明できたはずの出来事もあるのかもしれないが、ここに書いてあることはすべて、私やスタジオ生が実際に見て体験した話である。作り話は一つもない。それは誓って言えるのだ。

ヨコザワ・プロダクションの外観。

駅から歩いて２分の飲食街の一角に佇む雑居ビル。

ヨコザワ・プロダクションの入り口ドア。

（写真上）
少女の顔にぼかしが入ってない。

（写真下）少年ではない何者かの手が出ているように見える。どちらもGoogle ストリートビューより引用。

ヨコザワ・プロダクション
30年心霊史

1章 1992〜1994年

1992年　入居とレインコートの女幽霊

1992年の9月。元々、俳優たちの演技指導をしていた私は、生徒が増えるにあたって、広い稽古場に移ろうと決めた。自宅に近い場所がいいと思い、探しているうちにたまたま見つけた物件が今のビルだった。

1967年に建てられた地下2階・地上8階建ての古びた雑居ビルだったが、私が求めていた理想的な広さもあったし、とにかく駅から近くて世田谷通り沿いという好立地だったので、すぐに下見をすることに決めた。

実際にビルを見に行き、先ず以て違和感を覚えたのは〝各階の間取りがすべて違う〟ということだった。「なんで、こんな歪（いびつ）な造りなのだろうか……」と疑問を感じたのだが、好条件が不安に勝った。

そのビルは、飲み屋だけでなく、2階には空手道場、3階は雀荘、5階にはキックボクシングのジムが入っているような賑やかな建物だったので、大声で演劇の稽古をしていても周りから文句を言われたりしない利点があった。うってつけの場所だと思い、私は現在の稽古場がある4階の部屋を契約することに決めたのだった。

多少、ビルの構造に違和感はあったのだが、入居してすぐにそれを超える驚きがあった。屋上に1人で住んでいた大家のおばさんが、私に会うなりこう告げたのだ。

◆大家からの衝撃の一言

「うちのビルさ、エレベーターにお化け出るけど気にしないでね」

はあ？　この人は、一体何をいきなり言い出すのだろうか……。私がポカンとしていると、大家さんは次のように話し出した。

「そのお化けさ、晴れの日によく出るんだけど、黄色いレインコートを着てエレベーターの中に立っているんだよ。雨も降っていないのに、おかしいよね。もし、その姿を見てしまったら、それはこの世のモノではないから絶対に話しかけない方がいいよ」

あまりにもフランクに言うものだから、私も「は、はい。あ、そうですか……」と気の抜けた返事をするしかない。

「でもね、一番怖いのは人間なんだからね。そんなこと芸術をやってる貴方ならわかるでしょ？　ワハハハハ」

大家さんは、そう言って豪快に笑い飛ばしたのであった。

なんなんだろう、この人……私をからかっているのだろうか、と思ったのだが、しかし！　この話を聞いた3日後に私はその異次元の者と対峙することになるのだった……!!

問題のエレベーター。

◆異次元の者と対峙

その日は晴天だった。私はビルのエントランスにある小汚い扉の前に立ち、上階にいたエレベーターを呼んだ。

チンッ、と扉が開いた。

すぐに目に飛び込んできたのは、エレベーターの中の濡れている床だった。ググと視線を上にやると、最大でも5人程度しか入れないほどの小さな箱の奥に、**女が壁にへばりつくようにして後ろ向きで立っているではないか……！**

よく見ると、右手にモップを持ち、左手にプラスチックのバケツを持って立っている中年の女性……。

一見、掃除のおばさんに見えるのだが、その人物はうっすらと濡れたような黄色いレインコートを着、紺色の長靴を履いていたのであった。私は「こ、これがまさかその幽霊⁉」と一気に寒気が込み上げてきたのだが、まだ判別はつかない。その女性は1階で扉が開いても降りなかったので、仕方なく私はその異様な空間のエレベーターに乗った。中に入るとボタンはどの階も点灯していなかった。稽古場がある4階のボタンを押してそこに着くまでの間、私が考えていたのは「大家さんは〝絶対に声をかけちゃいけないよ〟と言っていたけれど、声をかけたらどうなるのだろうか？」ということだった。

狭い空間で2人……。ガタガタギシギシと痛ましい音を立てて軋むエレベーターに、異様な空気が流れていた。私は自分の心臓の音が相手に聞こえるくらいドキドキしていたと思う。話しかけるタイミングを見計らっていたのだが、声をかけられないまま、あっという間に4階に着いてしまった。

「これが、最後のチャンスだ……」そう思って、私は降りる際に再びエレベーターの方を振り返った。中の女性は微動だにしなかったが、透けることもなく、確かに目の前に存在していた。「もしかしたらこれが最後で、二度と会えないかもしれない……」そう思った瞬間、咄嗟に「お掃除ご苦労さまです」と口を衝いて出てしまったのだ。

すると……。

今振り返るとなんだかその時の空間が歪んでいるような、そして、スローモーションのような映像に感じるのだが、エレベーターの扉が閉まっていく中、その女性が無言でゆっくりとこちらに振り向いたのだ。しかし、振り向き方がどうもおかしい。普通、振り向く時は体をひねり、顔と一緒に肩もこちらの方を向くはずだ。しかし、**その女性の体はきれいに後ろを向いたまま、顔だけでこちらを見てきたのだった！**

その姿はまるで映画『エクソシスト』に出てくる悪魔に取り憑かれてしまった女の子・リーガンのようだった。グググググと首だけが回転してこちらを向いたのである！　しっかりと私の方に向けたその顔は……なんと、中身をえぐられたようにドロドロに陥没しており、どこに鼻と口があるのかもわからない真っ黒の顔だったのだが、その奥にキラリと光る2つの目があったのである。

あまりの衝撃で私は足がすくんでしまっていた。呆然とする私とその女性はエレベーターの扉が閉まるまでしっかりとお互いの顔を見つめ合っていた。そして、完全にエレベーターが閉まると、そのままスーーッと上の階へと上がっていったのだった。

これはさすがに今まで自分の身に起きた恐怖体験の中でも相当レベルが高いものだと直感した（後述するが、私はもともと幼少期から霊感があった）。

だから、この遭遇の後、すぐさま屋上に住む大家に会いに行き事の次第を話したかったのだが、女性の乗ったエレベーターが上がっていくのを見てしまっているので、なかなか屋上に行く勇気が出ず、私が大家と話をするのはかなり後になってからだった。

後日、大家に会って自分が見たモノについて話したのだが、開口一番「ああ、見たの。そんで話しかけたの？　話しかけるなって言ったじゃない」と、あっけらかんと返されたのは今でも鮮明に記憶に残っている。

「出るものは出るんだからしょうがないじゃない。理由がわかっていれば私だって世話ないわよ」

私は、「出るもんは出る」という大家の壮絶な一言に震えながらも、「とんでもなくおもしろい場所に稽古場を構えてしまったな」と、どこか胸が躍る、ややクレイジーな感情が込み上げていたのも事実だった。だが、これはあくまでも入居早々に大家に言われたエレベーターで起きた話だ。この場所にだけ注意を払っていれば大丈夫か、と油断していたのも束の間。まさかこの後、自分の稽古場内でも怪奇現象が次々と起きるとは思ってもみなかったのである。

〈レインコートの女性霊〉

一時期、幽霊を撮影する目的で夜中、誰もいなくなった稽古場内にカメラを設置していた時期があった。その時に、撮影されたレインコートの女性の写真。この時は、エレベーターのみならず、稽古場に侵入し、下から姿を見せ始め、グイーッと体を回転させてカメラの方を見つめ、スーッとトイレのある壁の方に消えていった。映像では謎の「コポコポコポ」という音も録音されている。

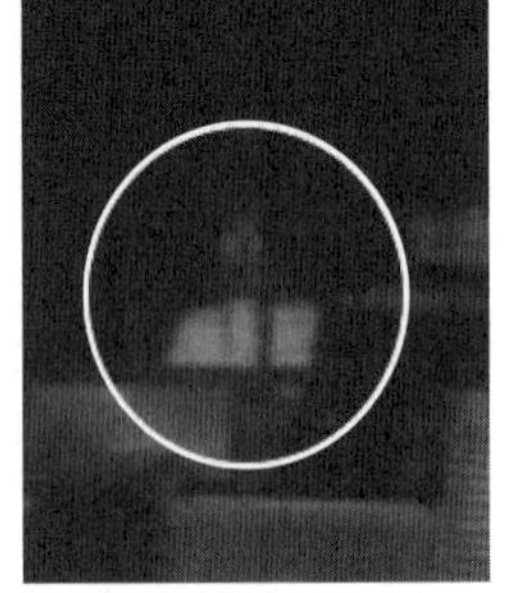

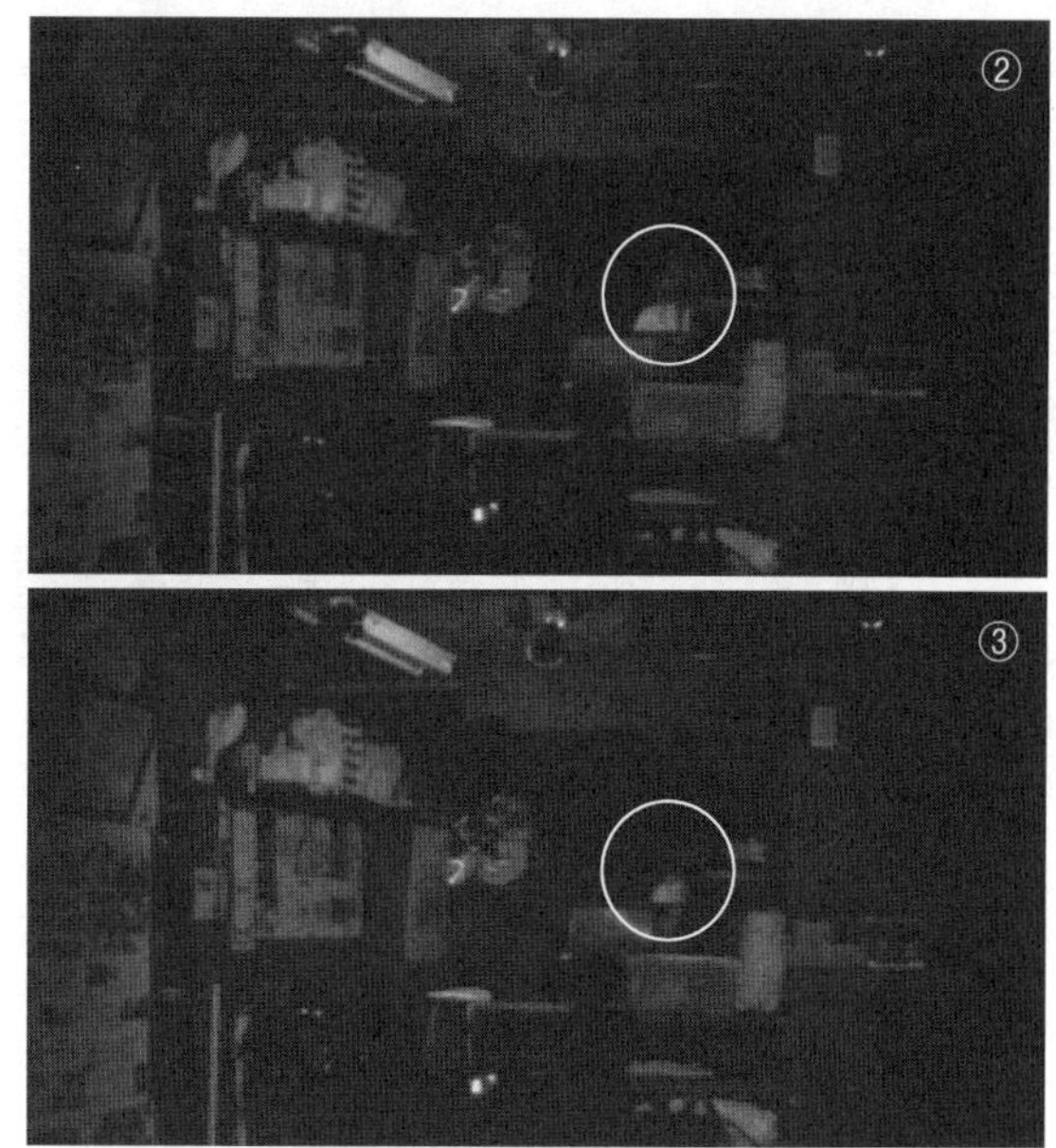
②
③

1992年　悪魔に取り憑かれたスタジオ生

入居してすぐ、劇団発足の第一回記念公演、通称「旗揚げ公演」を開催することになった。その公演の演目はノーベル文学賞も受賞しているイギリスの著名作家ウィリアム・ゴールディング原作の『蝿の王』にしようと決め、私が脚本と演出を担当した。タイトルにある『蝿の王』とは、聖書の中に出てくる悪魔「ベルゼブブ」のことで、あらすじはこうだった。

蝿の王：あらすじ
時は近未来、第三次世界大戦中、富裕層の子どもたちが乗っていた飛行機が攻撃され、無人島に不時着するところから物語は始まる。生存者は6歳から12歳の15人の少年たち。沖を通る船に見つけてもらうためには、狼煙（のろし）を絶やさないようにしなければならない。最初のうちはラルフという少年を中心に集会を開き、救援が来るまで規則を定めてともに協力し合っていこうと決めた。しかし、もともと

ラルフと仲が悪く、目先の楽しみに目を奪われがちなジャック率いる集団が和を乱し始める。ジャックたちは、狩猟隊を結成し、島で自由に豚を捕らえ、豪華な食事をし、享楽的な生活を送るようになる。それを見たラルフ派の少年たちも次々にジャック側になびいていく。その過程で、まるで蠅の王＝悪魔ベルゼブブに操られているかのように子どもたちの野蛮な内面が目覚めていき、豚殺しに目覚め、そして互いを殺し合うことも厭わなくなってしまうのだった。

実に恐ろしい話なのだが、元々オカルト話が好きな私としては、好きな作品だった。しかし、その稽古の最中……まさに悪魔ベルゼブブが現れたかのような怪奇現象が起きてしまったのだ。

◆稽古中に幽霊に取り憑かれたスタジオ生

それは、早々に起きた。

いつものように稽古場で『蠅の王』の演技をしていると、いきなり天井がバコーン！ともものすごい音を立てて真っ二つに割れ出したのだ。「ええっ、老朽化しているのかな⁉」と思いながらも稽古を続けていると、さらに天井がバキバキバキバキッと割れ続ける。当然、スタジオ生も気が散って演技ができないので、思い切って天井を全部剝がしたら、ただの狭い空洞になっているだけだったことが判明したので、ぶち抜いたのだった。

「ずいぶんとボロい天井だな……」

天井を見つめながら私はそう思った。この時はわからなかったのだが、今思うともう、、、始まっていたように感じる。

また別の稽古日。劇中には、子どもたちが島の洞窟内で見かけた怪物への生贄として〝豚の頭〟を差し出すシーンがあった。その豚を叩き殺すシーンで、**主人公を演じていた男性俳優が突然、口から泡を吹き出したのだ。そして彼は、何かに取り憑かれたように小道具の槍を振り上げ、奇声を上げながら床に叩きつけた**のだった。

「おいおい、練習なのに随分と鬼気迫る芝居だな」と私が見ていると、彼は豚を殺した演技の後も狂ったように槍を床に叩き続けているではないか……。焦った私は「ストップ！」と止めに入ったのだが、彼の動きは全く止まらない。結局、共演者たち4〜5人で押さえつけるようにしてようやく彼の動きは止まったのであった。

騒然とする稽古場の中、彼はハッと我に返るとこう言った。

「ここ……どこですか？」

この一言によって、はじめは何か発作でも起きたのではないかと心配していた共演者たちの表情が一瞬にして恐怖へと変わった。彼はたった今、狂ったように床に槍を叩きつけ続けていたことを全く覚えていなかったのだ。

この瞬間、俳優たちと私の脳裏に浮かんだ言葉は一致していた。

「このまま稽古を続けていいのだろうか……」

何か不穏なものがこの劇に宿っているような気がしたのだ。

しかし、ここで稽古を中止にしてしまえば旗揚げ公演自体も延期……いや、最悪、中止になってしまうのではないかという不安があった。だから、私は咄嗟に「役に入り込みすぎておかしくなったんじゃないの？　あははは」と場を和ませ、笑い話にしてやり過ごそうとしたのだった。

しかし、恐ろしいことに稽古を重ねるごとに異様な動きを見せる俳優の数が増えていくのだった。ある者は奇声を発し、ある者は攻撃的になり、またある者は残酷な役の人格が抜けなくなったりした。『蠅の王』と同じくらい陰惨なストーリーの演目をやった経験なら過去にもあるが、こんな集団ヒステリーのようなことは起きたためしがない。だから私は迷い始めた。

「この作品は本当に上演していいのか？　悪魔が題材の演目だったのが原因なのだろうか。もしかして、これは物語の『蠅の王』のように、憑依現象のようなことが起きているのではないのか？」と。

玄関から入って目の前に広がる稽古場のステージ。
普段この場所で舞台の練習をしている。

◆訪ねてきた3階の雀荘の店長

そんなある日のこと、稽古場のすぐ下の3階に店を構えていた雀荘の店長が、突然我々の稽古場を訪ねてくるなり、こう怒鳴り散らしたのである。

「何をやってるのか知らないけどさ、奇声みたいなのを上げる連中は他の階でもいるからいいんだけど、床をドンドンと叩くのはいい加減止めてくれないか？　お客が麻雀に集中できないから苦情が来てるんだよ。商売上がったりだ！」

確かに、このビルにはキックボクシングのジムや空手道場、さらにカラオケも入っていたので、大声には慣れているのだろう。だが、狂ったように床を小道具で叩き続けているとなれば、そりゃ苦情も来るか……と、私は店長の怒りを察した。

そしてこの苦情を機に、私は稽古場の床に防音材を敷き詰めることを決意したのだった。正直なところ、会社の設立や稽古場の契約、それから舞台公演と、かなり経費が嵩んでいたので、予定外だった防音材の工事は懐的に厳しかった。しかし、これ以上周りに迷惑をかけるわけにはいかなかったので、稽古を2日間丸々休みにして防音材を敷き詰める工事を業者にお願いしたのだった。

無事に工事が終わり、防音材が床に入ったことで、もう騒音問題は解消しただろうと私は安堵していた。

しかし、工事が終わった後の稽古日のことである。その日は午後からの稽古だったのだが、今後のことや、俳優たちの奇妙な行動など、諸問題についてじっくり考えたかった私は1人で午前中から稽古場にいた。すると、いきなり強い勢いでドアをノックする音がした。やる気のある俳優が自主的に稽古をするために早く来たのか？　と思いドアを開けたのだが、そこに立っていたのは俳優ではなく、雀荘の店長だった。

そして、驚きの言葉を投げかけられたのである。

雀荘の店長（以下店長）「お宅さ、いい加減にしてくれない？　夜中に稽古するの」

私「なんのことでしょうか？」

店長「夜中までドンドンやられたら迷惑なんだよ」

私「それはいつの夜中ですか？」

店長「ふざけたこと言ってるんじゃないよ」

私「ふざけたこと？」

店長「一昨日も昨日もやっていたじゃないか。夜中にあんまりドンドンやるもんだから、うちのお客さんが怒っちゃって仕方がなかったんだ。それでここに文句を言いに来たら、示し合わせたようにシーンとしやがって、いい加減にしてくれよ。随分タチの悪い連中だね」

私「ちょっと待ってください。一昨日から2日間は稽古が休みだったので、誰一人ここには来ていませんよ」

店長「ああ、そう。今度はそう出るかい。もしかしてあんたたち、いかがわしい宗教でもやってるんじゃないの？」

私「いや、どう思われるかは勝手ですけど……下の階に迷惑をかけないようにと、この2日間は防音材を敷く工事をしていたんです。ですから工事スタッフの出入りはありましたけど、真夜中まで作業をするような業者はいませんよ」

店長「防音材なんて敷くはずないじゃないか！　本当に気持ちの悪い連中だよ。あんたたちはそうやって一致団結して『やっていません』って言うんだろ。普段も、俺たちがここへ文句を言いに来ても、ピタッと音を止めるしな」

その言葉で私はこう思ったのである。ま、まずい……『蠅の王』に魔物が宿っているのではない、**うちの稽古場に魔物が宿っているのだ**……と！

結局、私はこう決意した。もしも、この稽古場に魔物が宿っているのだとしたら、今後どの作品をやっても同じようなことが起きるのかもしれない。だったら運命だと思って受け入れてこの『蠅の王』は予定通り上演しよう、と。

それからも、度々雀荘の店長に怒られながらも稽古を続けたことは今でも忘れない。本当のことを説明なんてしようものならまた「宗教だ」「嘘つきだ」となじられるのは目に見えていたので、私は謝罪に徹していた。これは後から聞いた話だが、店長が苦情を言いに来たその夜も我々が帰った後にドンドンと騒がしい音がしたらしい。結局、防音材なんて何の意味もなかったのである。

その後、何かこれ以上のトラブルが起きても嫌だったので、私は念の為に一連の経緯を大家に説明しようとした。すると、雀荘の店長もちょうど大家に苦情を言いに来ている時で、バッタリ鉢合わせしてしまったのだ。気まずい空気が流れたのも束の間、この時に放った大家の一言がまた壮絶だった……。

大家はまず雀荘の店長に向かってこう言った。

「雀荘っていったって怪しげな商売もしてるんだから、このうるさいビルじゃ真夜中に音がするくらい当たり前だっていうことで、もう手打ちにしてちょうだい。それ以上文句を言うなら家賃を上げるわよ。あんたが入ってきた時よりこの辺の価値は上がってるんだから、新しく入ってきたテナントさんたちと同じ家賃にしちゃうわよ」

その言葉に雀荘の店長は苦々しく「我慢しますよ」と言い、そそくさと帰っていったのだった。残った私に対しては、

「あんたたちが楽しそうに演劇やってたから、ここら辺にいたお化けたちが一気に集まってきたんじゃないの？　ガハハハ！　まぁ頑張ってよ」

なんじゃその反応は……？　である。

こうして、天井割れや憑依、店長怒鳴りこみ事件など様々な苦難を乗り越え、自社の設立から2年を経てようやく旗揚げ公演ができたのである。しかも、この公演は銀座の小劇場で上演されたのだが、劇場が始まって以来の観客動員数を叩き出すほどの大成功を収めた。おまけに今は亡き大作家、早坂暁先生も奥様と一緒に観に来られ「これはめちゃくちゃ面白いよ！」と絶賛してくださった。そのおかげで翌年1993年には東京芸術劇場で再演することもできたのである。稽古場にいる魔物のせいで大変な目には遭ったのだが、結果としては、良い方向に流れていったのだ。「こんなにとんとん拍子に進むなんて、もしやこの稽古場のお陰なのか……？」と、私は都合よく考えていた。

1993〜1994年　離婚と全裸子どもの幽霊

劇団はうまくいっていたものの、『蝿の王』公演の裏側で、私は性格の不一致が理由で当時の妻と離婚話を進めていた。結局、妻とは1993年の『蝿の王』再演後に離婚することになるのだが、私はある問題に頭を抱えていた。

彼女は劇団の運営を手伝ってくれていた上に、ものすごく仕事ができる人物だったのだ。当時、妻はうちのプロダクションのマネージメントを担当しており、スタジオ生からの信頼も厚かった。そんな彼女が離婚をきっかけに会社を離れることになり、『蝿の王』に出演していた劇団員はもちろん、うちのスクールに通っていた生徒たちまでもが一斉にやめてしまったのである。これは離婚以上に大ショックだった。

やめたスタジオ生の数は80人近かった。『蝿の王』再演直後のスタジオ生は90人を超えており、やっと100人近くが所属する団体に育ったなと思って次のステップを考えていた矢先のことだったから頭が痛い。今思えば「マネージャーがいないとマネージメントが疎（おろそ）かになるのではないか？」というスタジオ生の不安な気持ちもわからないでもない。けれど、当時の私は舞台公演の大成功でスタジオ生との絆を感じていただけに、悲しさや孤独感が上回ってしまった。そして改めて、妻がどれだけ優秀な人間だったのかを痛感したのだった。

◆透明な全裸の子どもたち

スタジオ生の数は一気に十数人にまで減ってしまった。せっかく自社の稽古場を持つことができ、霊にまで出会えたというのに肝心の〝スタジオ生〟がいないのだ。これではスクール経営が成り立たない。私はどうしたものかと頭を抱えた。残ってくれたスタジオ生は人間的には良い子たちばかりなのだが、生き方が器用ではなく、芝居もお世辞にもうまいといえない〝選ばれない子たち〟だった。

悲しいことに、〝できる子〟はみんな妻についていったのである。

悩んだ私は、残ってくれたスタジオ生たちには申し訳ないが、もうこれで何もかも終わってしまったと諦めていた。そして、「今月いっぱいでこの稽古場を閉めます」とスタジオ生に告げようと決意をしたのだった。

そして運命の日――。

私はとても緊張していたように思う。どんな顔をして、どんな声で、どんな説明をスタジオ生にしようか、色々なことを頭に巡らせていた。そして、いつものエレベーターに乗り、4階へと向かったのだった。

降りた瞬間だった。エレベーターの扉が開いたと同時に子どもの声が聞こえてきたのだ。当時、このビルの2階には極真空手の道場が入っていたので、そこの子どもたちが4階に来て廊下で遊んでいるのかと一瞬思ったのだが、どうやら違う。子どもたちの声は、なぜかうちの稽古場がある廊下を過ぎたさらに奥の裏階段の方から聞こえてくるのだ。

「裏階段で子どもが遊んでいたことなんて今までなかったのにな……」

私は不思議に思いながらも、稽古場がある廊下に向かって2〜3歩、歩いた瞬間だった。突然、**ピタッピタッピタッピタッピタッ……という裸足の足音が聞こえてきて、ケラケラという笑い声とともに、体が透き通った7〜8人の男女の子どもたちが私に向かって一斉に走ってきたのだ。**そして、不思議なことに全員全裸で、笑いながら私の体をすり抜けて行ったのだった……。

私が驚きと恐怖のあまり動けないでいると、

「大丈夫だよ、大丈夫だよ、キャハハハハハ！」

……と、４人目の女の子が通過する瞬間、はっきりと私に向かってそう言ったのだった。そのまま子どもたちはエレベーターの方向へ走り去って行き、振り向くともう誰もいなかった。私の周りには無数の濡れた足跡だけが残されていた。

私は、相変わらずこのビルの心霊現象はすごいなと、濡れた足跡を見ながら呆然としていた。だが、同時にこうも思ったのだ。

「あの女の子が言っていた〝大丈夫〟ってどういう意味なのだろう……？」

ハッと我に返った時、私の耳に聞こえてきたのは、稽古場の中で練習しているスタジオ生の声だった。

〈裏階段の子どもの足跡の写真〉

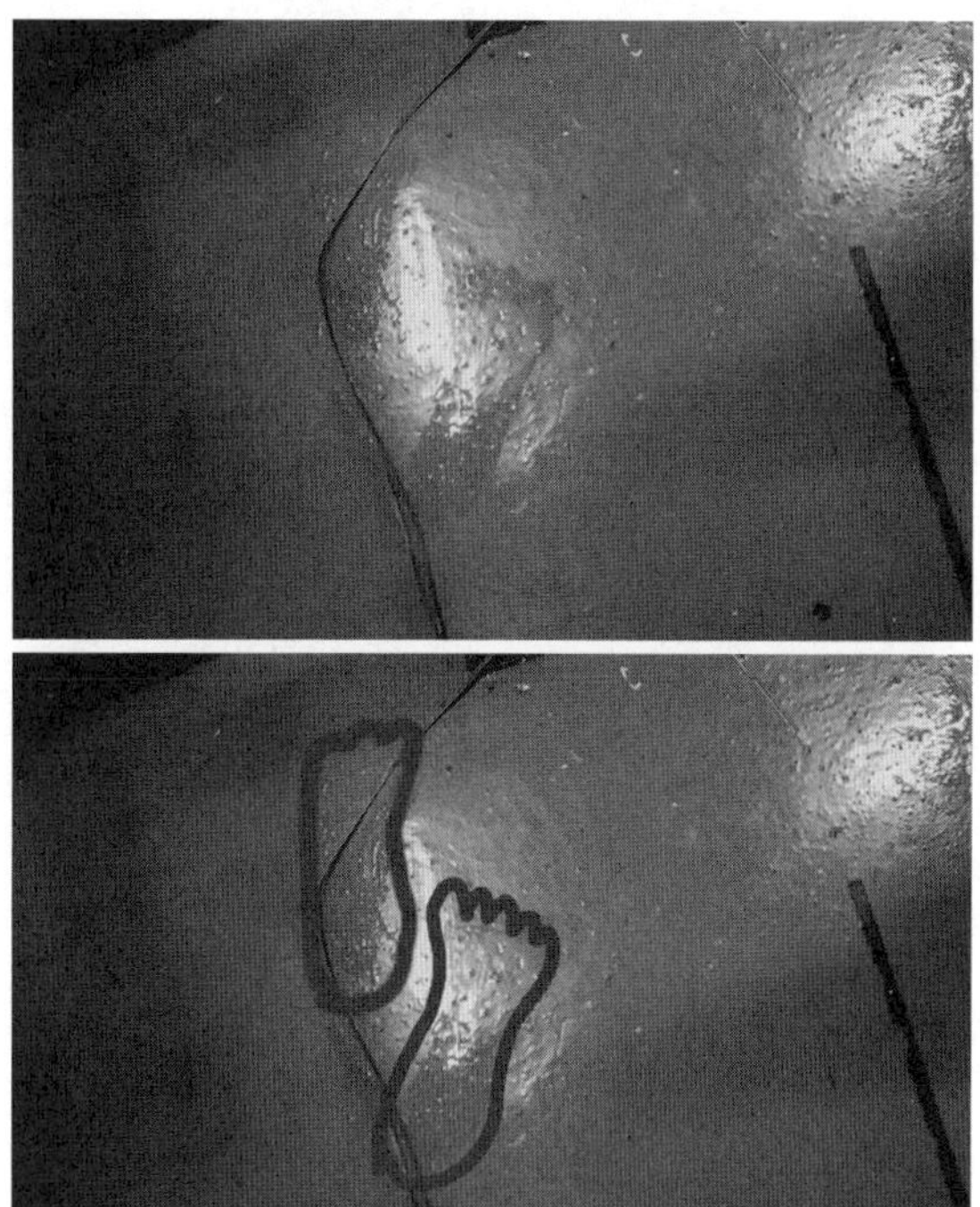

下の写真はわかりやすく足の形を囲んでみた。これは2021年に公開された映画『怪談新耳袋Gメン ラスト・ツアー』での撮影時に、裏階段で撮影された裸足の子どもの足跡だ。劇中ではカットされたが、いまだに監督や出演者たちが「数分前までなかったはずの水が突然階段に出現し、パーンという音がした後、その上に足跡がついた」と語っている。当然、子どもやスタッフ以外の人間の姿は現場にはなく、この足跡も2つだけで止まっていた。

◆幽霊のアドバイス「大丈夫」の意味

私の耳に、そして心に、稽古場で舞台『ハムレット』の台詞を何回も繰り返し練習しているスタジオ生の声や、発声練習をしている声が響いてきたのだった。

私のレッスンを受けるために早くから稽古場に来て自主練をしていたスタジオ生たちの声……。その声が聞こえた瞬間、目頭が熱くなり、涙が込み上げた。私はすぐには稽古場のドアを開けることができなかったと思う。手にかけたドアノブをぎゅうっと握り締めながら思った。

「1割にまで人数が減ってしまったスタジオ生が、まだこうやって私やこのスタジオを信じてくれている。まだやれるかもしれない」

そして、思い切ってドアを開けた。

「おはようございます！」

挨拶をしながら稽古場に入ると、スタジオ生たちのいつも通りの自然な「おはようございます！」が返ってきた。その瞬間に、あの女の子が言った「大丈夫」の意味がわかった気がしたのだった。

挨拶はその日の始まりである。その元気な声を聞いて私はこれまでの苦労を思い起こした。

私の会社はスタジオ生が2人しかいないところから始まった。そのうちの1人は私自らが2000枚程配った生徒募集のビラを見て来てくれた子で、もう1人は離婚した妻の友人だった。そんな状態からスタートし、区の施設を借りたり、外でレッスンをしたりして、なんとかスタジオ生を増やしていき、やっと持てた稽古場だった。

もちろん、今の生徒数のままでは赤字続きになることは間違いない。けれど、こうやって自分を信じてくれる人間が十数人もいてくれるのだ……。彼らの声を聞いて心強く思ったのだった。そしてその日は、それまで用意していた別れの台詞とは真逆のスピーチを行った。

「見ての通り、ほとんどのスタジオ生がやめてしまったけど、俺が会社の代表を務めるのはもちろん、マネージャーとしても頑張るから……信じてついてきてほしい！」

その日は芝居の稽古ではなく、スタジオ生一人一人とコミュニケーションを取ることにした。前に進む勇気をくれた彼らに御礼がしたかったし、心と心を繋げたかったのだ。

話が終わってもその日は誰一人として家に帰ろうとしなかった。仕方がないので、夕方からは6対6で稽古場で室内野球をして遊ぶことになった。野球といってもボールはピンポン球で、それを細い棒で打つというものだ。照明にボールが当たったらヒットで、ドアに当たったらホームランだとか、独自のルールを決めて、夜遅くまで遊んだのだった。

この日の出来事が良いきっかけとなり、稽古場での室内野球が恒例行事になっていった。レッスンが終わっても稽古場に残っては、いろんな話をしたり、芝居の稽古をしたり、野球をしたり、白熱した時には三日三晩家にも帰らず稽古場で過ごす、なんて時もあった。そんな日々が続き、この十数人のメンバーでもやっていけると確信した頃だった……。

◆戻ってきた全裸の子どもたち

それは夜中の3時くらいだった。いつものように室内野球をしていると、廊下で子どもたちの笑い声と走る足音がしてきたのだ。そして、あの女の子の声が再び聞こえたのだ。

「大丈夫だよ、大丈夫だよ、キャハハハハハ！」

私は入り口のドアのちょうど前、廊下に一番近い位置で外野を守っていたので、ハッキリと聞こえたのである。

私は「うん。ありがとう！」と、ドアの外にいるであろう子どもたちに向けて声をかけた。すると、野球をしていたスタジオ生がびっくりした顔をしてこう言ってきたのだった。

「今の足音は……何ですか？　声も子どもでしたよね？　こんな時間に？」

なんと、スタジオ生たちにも子どもの声が聞こえていたのである。

私は、「大家さんの言葉を前にも説明しただろう？　このビルはね、〝出る〟んだよ……お化けが」と言った。スタジオ生たちは目を丸くして「あれは本当だったんだ……」と立ち尽くしていた。

そう、私の元に残ってくれたスタジオ生たちは、舞台公演に選ばれていない子たちだったので、『蠅の王』での出来事など何も知らない子たち。彼らは、この稽古場で起きる様々なオカルト現象をまだ知らないのだった。

1994年　劇団再出発と降霊術

十数人のスタジオ生がやめずに残り、私についてきてくれたのは大変嬉しかったのだが、会社の経済面としては厳しい再スタートだった。ただ、運良く1994年春の募集で30人程のスタジオ生が入団してくれたので、私はまた劇団として作品作りを始めることができた。再出発の門出には『クチュリエ』（オートクチュール専門の男性ファッションデザイナーと謎の女性ピアニストの不思議な恋愛ドラマ）という演目を上演しようと決めた。

その時に協力してくれたのが私の母校である日本大学藝術学部の諸先輩方だ。先輩といっても年が10歳以上離れている大先輩が多かったのだが、私の状況を見兼ねた彼らが、劇団を再出発させるためにあらゆる助言をくれたのだ。特に、今でも感謝している指摘が「本当にまた劇団としてやり直して舞台を作っていくならば、大道具を充実させなさい。劇団に足りていないのはそれだ」というものだった。

せっかく私が脚本を書いて本格的なオリジナル作品を作ったとしても、大道具がチープでは観客も冷めてしまって感動が得られないと先輩方は言うのだ。私はなるほどなと思った。しかし、大道具は業者に発注して作ってもらうとなると軽く百万円を超えてしまうため、再出発したばかりの貧乏劇団としてはなかなか手が出せない。そこで私は「どうにかして自分たちでプロ顔負けの大道具が作れないか?」と考えた。すると、先輩らはそんな私の提案を否定するどころか、なんと賛同してくれたのだった。そして、劇団員たちに見栄えのよい大道具の作り方を一から教えてくれたのだ。しかも、現役の舞台監督や演出家、フォトグラファーまで紹介してくれるなど、大道具だけでなく人材の紹介から宣伝方法まで包括的に指導してくれたのだった。

さらに思わぬ収穫もあった。私が1人で脚本・演出を担当していた時は、自分の思い描いた通りに物事を進めることができてしまうので、それ以上の広がりを見せることはなかったのだが、この年の舞台公演からは先輩らが関わり、自分式のやり方だけでは通用しなくなったのだ。

そりゃそうだ。スタッフとして入ってくれた先輩方は全員7〜12歳くらい年上で経験も豊富。私の意見なんて通るはずもない。自分のプランが全く通らないので、一時はかなり落ち込んだものだが、これが逆に自分の不勉強さを浮き彫りにしてくれたのだ。自身も観察されながらの物作りというのは久しぶりだったが、舞台を通じて劇団員とともに新たに成長していることを実感することができたのだった。

そうして、無事に『クチュリエ』の舞台公演が成功で終わった晩秋だった。稽古場でスタジオ生たちとホッと一息ついていた時のことだ。「久々にアレをやりますか?」という話になったのである。

◆連日の心霊現象

アレとは〝室内野球〟のことだ。

深夜まで遊んでいると、一番外廊下に近いドアの近くで〝外野〟として守っているスタジオ生が「もう外野を守りたくありません」と言い出すことは、この時すでに〝恒例〟となっていた。毎回、外野を守っていると、深夜にいるはずもない子どもたちの、廊下を走り回る足音が笑い声とともに聞こえるので、さすがに「怖い」と言うのだ。50人近かったスタジオ生の約半数がこの音を聞いていたので、スタジオ生たちの間でも「やばいよね」と話題に上がっていたのだろう。野球はしたいけれども、外野を守りたくないスタジオ生が続出するという奇妙な現象が起きていた。彼らは完全にビビっていたのであった。

だが、ここは役者を目指す人間の集まりなので、中には変わり者もいる。A君も、とても個性的な青年だった。

四年制の大学を出て、就職もせずに役者を目指していたA君は、行動力も人一倍あり、ハキハキとものを言うボスタイプの能動的な性格だった。そんな彼は、幽霊にビビるスタジオ生たちに向かってある提案をした。

「このビルにはたくさんの魔物が棲んでいるのかもしれない。正体を暴こうではないか」と。

◆初めての降霊術「スクエア」

それはいつものように夜通し室内野球をした日のことだった。外が明るくなるにつれてスタジオ生がどんどん帰っていく中、私とA君、それから数人のスタジオ生が稽古場に残って雑談をしていた。

そのまま時がたち、さらにスタジオ生が減った段階で、突然A君が「あ、このくらいでちょうどいいです」と言い出した。何を言い出したのかさっぱり意味がわからない私は、彼とこんなやり取りをした。

私「何がちょうどいいんだ？」

A「人数ですよ。横澤さんに僕、それから後輩の２人、ちょうど４人が稽古場に残ってますよね？」

私「だから？」

A「今からこの４人で魔物を呼ぶ降霊術をやりましょう！」

彼は、そう言うなり稽古場のど真ん中に黒い布を敷き始めた。その黒い布の真ん中には何やら魔法円のようなものが描かれている。

A君が敷き始めた布に描かれた魔法円の参考図。魔法円とは、魔法陣の正式名称で、西洋儀式魔術や魔女術において儀式の際に術者が入る床などに描いた円。悪魔を呼び出す降霊術を行う際の結界として知られる。

私「ちょっと待てよ。そんなのどこで買ってきたんだ？」
A「この日のために自分で作りました」
私「自作の降霊術なんて危ないんじゃないの？」
A「まーまー、そう堅いことは言わずに。僕、オカルトには詳しいんで大丈夫ですよ」

最初は怖がっていたスタジオ生の2人も段々と興味が湧いてきたのか、結局A君の言う通りに魔物を呼ぶ降霊術をやることになった。

その降霊術とはオカルト好きならばご存じの方も多いだろう。今だと「スクエア」と呼ばれる降霊術だ。真っ暗な部屋の四隅に1人ずつ立ち、最初の1人が壁伝いに2人目の場所まで歩き2人目の肩を叩く。1人目はそのまま2人目の居た場所に止まり、肩を叩かれた2人目は3人目のところまで壁伝いに歩いて行き3人目の肩を叩く。3人目も同じように歩き出し4人目のいる場所へ、4人目も同じように次の場所へ……と繰り返すものだ。

いざやろうとした時だった。突然、A君が安全ピンを取り出してライターの火で炙り始めた。何をやっているのかと聞くと「針を消毒している」と言う。針を炙る⁉　一体何をするつもりなのだろうかと寒気がした。

怖いもの知らずだったA君は平然とした表情でこう言った。

「まずは、言い出しっぺの僕からこの魔法円に血を1滴垂らします。こんなことを代表の横澤さんにやらせてすみませんが、魔物を呼ぶためにはやらなければなりません。安全ピンで人差し指をちょこっと刺して、血を1滴垂らしてください」

そこまでするのかと驚いたものの、私もスタジオ生の2人も渋々A君の言う通りに指に針を刺し、血を1滴ずつ垂らしたのであった。4滴の血が魔法円の中心に垂らされたことを確認し、部屋の明かりを消した。そして「せーのっ！」の合図で1人目のA君から壁伝いに歩き出した。真っ暗な中、A君は歩いてきて2番目の私の肩を叩く。私は歩き出して部屋の角まで行き、3番目のスタジオ生の肩を叩いてその場に止まった。そのまま耳を澄まし、3人目と4人目が壁を伝いながら歩いている足音を聞いていた時だった。

4人目のスタジオ生がぶつくさ言い出したのだ。

「ちょっとA先輩、何やってるんですか？　タッチしましたよ。早く歩いてください」

この降霊術をやると、当然4人目は最初に1人目がいた場所に到着する。しかし、肩を叩こうにも1人目のA君は2人目の私が居た場所に移動しているため、4人目は2人分移動しない限り、誰かの肩を叩くなど無理な話なのである。しかし、4人目のスタジオ生は〝何者か〟にタッチできてしまったのだ。その上、その人物がその場から動こうとしないものだから文句を言っている。

A「お前……誰としゃべっているんだ？」
後輩「あれ？　A先輩、なんでそっちに？」
A「そこからスタートしたんだから、そこには誰もいないハズだろ？」
後輩「え？　じゃあ今、僕が触ってるのは誰なんですか？」

その瞬間、稽古場はパニックになった。しかも一番ビビって騒いでいたのが、なんと言い出しっぺのA君だった。そして、A君は恐怖のあまり稽古場の電気を点けてしまったのだった。すると、とんでもないことが起きた。

◆白く透けた裸の少年

電気が点いた瞬間、私たち4人は**白く透けている4〜5歳ほどの裸の少年が、狂ったように魔法円の周りをパタパタと裸足で足音を立てながらグルグル走り回っている姿を見てしまった。**少年は、全身真っ白で、背格好、顔つきなども映画『呪怨』に出てくる〝俊雄君〟にそっくりだった。

それを目撃したA君はさらにパニックになり、

「こんな魔法円があるから本当に魔物が来てしまったのだ！」

と言って、裸の少年が走っている中、魔法円の布を引っ張ってぐちゃぐちゃに丸めてしまったのだ。

すると、魔法円という居場所を失った裸の少年は、バタバタバタバタッと音を立てて稽古場にあるレッスン用の大きな鏡の方へ走っていき、パンッと乾いた音を響かせて鏡の中に入っていったのだった。

シーンと静まり返る稽古場……。

後輩「途中で電気を点けちゃったけど、降霊術的には大丈夫なんですか？　魔法円もぐちゃぐちゃにしちゃったし……。コックリさんとかって、途中で手を離してはいけないって言うじゃないですか」

私「うっすら透けていた白い少年が鏡の中に入っていったぞ、本当に大丈夫なのか、A君」

A「僕には……全然わかりません」

なんと、オカルトに詳しいと言っていたA君の知識はにわかだったのだ！　そして、青ざめたA君は「こんなはずじゃなかった」と言いながら、稽古場を後にしたのだった。

白い少年が中に入っていった問題の鏡。

◆霊の目撃と骨折

1週間後、A君は突然、左足を骨折して入院した。命に別状がなく安堵したものの、半年くらいはギプスが取れず松葉杖をつく生活だった。退院後、すぐに稽古場に来たA君に「なぜ骨折したのか」と聞いた。すると、駅の階段から落ちてしまったと言う。これがまた不思議な話なのだが、A君は「誰かに押されて落ちた」としきりに主張するのである。

しかし、転落したのは早朝の出来事で、その駅で降りた人はA君を含めて数人しかいなかったと言う。A君が覚えている限り、階段の真後ろには誰もおらず、前方に1人いただけだったそうだ。だが「確実に、押されたんです」と訴える。これを聞いた私は「まさか、あの降霊術が原因で幽霊が⁉」と、背筋がゾッとしたことをよく覚えている。なんでも心霊現象と結びつけて考えるのはよくないが、あんなことがあった直後だったのでそう考えざるを得なかったのである。

さらにその後がまた大変だった。

降霊術をしたあの日から、頻繁に稽古場内で白い裸の少年らしき存在が確認されるようになったのだ。少年が飛び込んでいった大きな鏡は、普段はカーテンがかけられ全面が黒い布で覆われているのだが、そのカーテンが、まるで人が隠れているんじゃないかというくらい膨れ上がり、モゾモゾと動いたりするようになってしまった。しかも、カーテンが動くだけならまだしも、鏡の前で体育座りをする真っ白な少年の影のようなものがうっすらと見える時もあった。

またある日には、稽古場でスタジオ生が発声練習をしていると1人全く違うトーンの声が鏡の方から聞こえてきて怖くて自主練ができなかったということも……。

これまでもたくさんの怪異がこの稽古場で起きてきたが、まさか実体までもが稽古場に出現するようになるとは思ってもみなかった。あの降霊術を境に、この稽古場は常に1人多いように感じる場所になってしまったのだ。

これは私の見解なのだが、恐らく廊下を走り回っていた子どもの幽霊のうちの1人を、あの降霊術によってこの稽古場内に閉じ込めてしまったのではないだろうか？　普通なら、とんでもないことが起こってしまったと稽古場を変えるのだろうが、私は頭がおかしいのか、1人増えた稽古場での今後の舞台作りに心がときめいていたのである。そして、鏡の中に消えてしまった白い裸の少年と再び対峙できることを願うのであった。

これは余談だが、あの時4～5歳くらいに見えた裸の少年は、今現在、中学生ぐらいの大きさに成長している。ひょっとすると、子どもの幽霊というのは成長するのかもしれない。

著者に直撃！ 心霊コラム①

Q 幽霊はどんな風に見えるのか？

A

大きく分けて2パターンあります。完全に物質化しているものと、半透明のもの。物質化している場合、人間以上の解像度で出現する場合もあります。

基本的には何も持っていないパターンが多いような気がします。たとえば、乳母車を押しているような格好をして歩いている女性の霊を目撃する時も、押しているような格好はしているのですが、乳母車自体は見えない時が多いです。でも、竹槍を持った少年を見た経験もあるので、場合によるかもしれません。私が目撃する霊は、髪の毛がぐちゃぐちゃだったり、埃（ほこり）まみれだったり、あっちこっちに広がったようなまとまりのない髪の毛の人が多いですね。

ヨコザワ・プロダクション30年心霊史

2章 1995〜1999年

1995年　稽古場の変化と電気の異常

この年の舞台公演の演目は『逆さ屏風は恐ろしや』という作品で、私の父が脚本を務めた。実は、私の父は俳優を目指して高校卒業とともに岩手県から上京してきた男だった。当時は新劇が演劇の主流で、父は新劇界で最大手の劇団付属養成所に受かったのだが、田舎から出てきた父が闇雲にバイトをしても当時高額だった授業料を払うことなどできず、夢半ばで演劇の道を諦めていたのだった。その後、絵が上手だった父は運よく婦人服デザイナーの道を見つけて成功するのだが、演劇への情熱は変わらず持ち続けていた。

私が演劇の道を志したことでその思いに再び火が付いたのか、私が演出する舞台の脚本をたびたび手伝うことがあった。すると、ものの見事に完成された脚本ができ上がってしまうので、息子としては「自分よりも才能があるんじゃないか……」とやや複雑な気持ちになったりしていたことを覚えている。

そんな父が脚本を書き、私が演出をした舞台公演スタイルは定番の一つとなっていた。

この時、父が書いた『逆さ屛風は恐ろしや』は、タイトルからしておどろおどろしいのだが、父が生まれ育った岩手県盛岡市で実際に伝わる話がベースとなっていて、〝東北の貧しい地方に育つと子どもが育てられないため、生まれた赤ん坊を殺し、さらに年寄りは早池峰（はやちね）山に捨てられる〟という、いわゆる口減らしや姥捨山があったことを伝える話だった。

父は「これは誰も書いていないストーリーなのだが、とても重要な歴史だ。だから俺が書いて残したいのだよ」と私を説得し、少年を主人公とした作品を書き上げたのだった。

ちなみに、「逆さ屛風」とは、仏教における死後の儀式の一つで、死後の世界が現世とは逆の世界という意味から、死者の枕元に屛風を逆さにしておくことを指している。

◆「死産」は幽霊の合図？　電気系統の異常が始まる

話は戻るが、先輩方から舞台の大道具の作り方を教えてもらい、劇団として再出発してから2年目となり、スタジオ生の技術もかなり上がっていた。この作品の舞台である岩手県の盛岡城の石垣まで自製できるようになっていたのだ。

その稽古中のこと。物語の核心でもある〝口減らしのシーン〟で、生まれたばかりの赤ん坊を産婆さんがすぐに産湯に沈めながら「死産じゃ」と低い地割れのような声で言う場面があった。このシーンを練習していると、必ず蠟燭の電飾が消える。この電飾は明滅するタイプではなく、点きっぱなしの電飾だったのだが、なぜか「死産じゃ」という台詞をきっかけにフワーッと舞台の奥から冷たい風が吹いて消えてしまうのだった。それだけではない。どこからともなくその風に乗って「おぎゃーおぎゃー」という赤ちゃんの声までも聞こえてくるのだった。もちろん、赤子の声なんてSE（演出の一環として付け加えられる効果音）も作っていないのに、だ。舞台にいた出演者約10人は全員その体験を共有していた。

ある日、また問題のシーンの練習になり「死産じゃ」という台詞がきた。しかし、その日は蠟燭の明かりが消えなかったのである。私もスタジオ生も一瞬驚いて「あれ、今日は消えないね？」と顔を見合わせた。その瞬間に、なんと上のスポットライトが消えてしまったのだ。その時の照明さんは某超有名舞台演出家Nの元でも働いているような人だったのだが「大本のスイッチも切れてないのに電気だけ消えるなんて。照明機材には問題ないし……。この稽古場、さすがにおかしいんじゃないの?」と私を問い詰めてきたことはよく覚えている。

この頃からうちの稽古場では電気系統のトラブルが頻繁に起こるようになった。はじめは何か特別なシーンに応じて起きていた電気トラブルだったが、2〜3年もすると、時を選ばずに照明が明滅するようになった。

◆人数がいつも合わないお弁当

『逆さ屏風は恐ろしや』の公演中、もう一つ奇妙なことが起きた。舞台公演中は制作陣がキャストなどの弁当の手配をするのだが、日によってスタッフの関わる人数に変動があったので、いつも多めに注文していた。

だが、普通に考えてキャストの人数は固定なので、毎日同じ数を頼めばいいはずだ。しかし、いつもキャスト分の弁当が一つ多いのである。

私は「キャストは29人って決まっているのだから、いちいち人数を数えずにその分だけ買えばいい」と何度も忠告したのだが、それでも弁当が余るのだ。

私は制作部に「敢えて一つ多く手配しているのか」と尋ねるのだが、制作部は「いつも数えてその分を注文している」と言う。

「だから、キャストの人数は決まってるんだから数える必要なんてないじゃん」と言っても「うーん。そうですかねえ？　なんでか数えなきゃいけない気がするんです」と言うのだった。私はさすがにもったいないので「明日からはキャストの人数分29個だけをお弁当屋さんに頼んでください。スタッフ分は僕が買うので結構です」と言った。すると次の日、キャストのお弁当の数が一つ足りないという謎の事態が発生したのだった。

公演後の打ち上げでも不思議なことがあった。この年から打ち上げは店ではなく、稽古場で気兼ねなくワイワイやるようになっていたのだが、いざ打ち上げが始まると、また食べ物や飲み物が1人分足りないのだ。そんな時にあるスタジオ生が「(人数が合わないのは)死産じゃって言われて殺された子が惑わしているのではないか？」なんて余計なことを言うものだから、盛り上がるはずの打ち上げが盛り下がった覚えがある。

1996年　下半身幽霊のお出まし

この年は昨年のオカルト現象を引きずるかのような類似現象が度々起こった。電気の異常や、人数の異変。特に、人数がおかしいのには驚いていたのだが、今度はついに明らかに一人多い瞬間を目撃してしまったのである。

◆踊る幽霊が出現

この年の舞台公演の演目は『少年を売る店』（平成8年度文化庁芸術祭参加作品）で、この作品もまた父が脚本を担当し、私が演出を担当した。

内容はタイトル通り、シスターボーイを男色家に売る専門クラブを舞台とした話なのだが、途中でクラブのお客と主役のシスターボーイがチークダンスを踊るシーンがあった。その演出で、曲の途中でそれぞれのダンスの相手を入れ代わり立ち代わり変えていくという動きをつけたのだが、それを実現させるには、主役は次の準備に入るために早めに舞台からはけなければならない。そのため、体格の良い客役があたかもシスターボーイがいるかのように2人で踊っているフリをしなければならなかった。客役の男性がこちらに背中を向け、さも奥にシスターボーイがいるかのように装いながら1人で踊るということだ。

しかし、私が練習を見ていると、1人しかいないはずの客役の男性の後ろに足が2本見えたのだった。マイケル・ジャクソンのように黒いパンツの裾の部分が少し短く、白いソックスがチラリと見える衣装と革靴……はっきりと〝足〟であった。

「あれ、あいつ（主役）まだハケてないのか？」と思い、舞台袖に目をやると、予定通り次のシーンに備えている主役の姿があった。

「じゃあ、さっきの足は一体誰の足だ？」ともう一度舞台に目をやると、先程見えた足は消えていた。

「何が起きているのだ⁉」混乱した私が一旦曲を止めて練習を中断させると、私が話し始めるよりも先に、客役の男性が「あの、さっき俺、最後誰と踊ってたんですかね？」と聞いてきたのだった。スタジオ生たちは怪訝な顔をしていたが、私が「いや、君の言っていること、わかるよ。だってさっきから知らない足がはっきり見えてたから」と言うと、みんな「ギャー！」と叫んだのだった。

しかし、この「ギャー」は単なる驚きではない。実は全員、いつもは誰ともぶつからないはずのダンスの動線で何かに当たったり、弾き返されたりしていたというのだ。謎の衝突と謎の足……点と点が繋がり、全員一斉に怖がり出したというわけだ。この後、ムーディーなはずのチークタイムのシーンでいつもスタジオ生たちが怯えた表情をするようになってしまったのは言うまでもない。

実はこの後、稽古場での練習が最終日となった日にも、衝撃的なことが起きた。くだんのダンスシーンが始まり、終盤に差し掛かったその時、例の客役の男の子が「すみません！」と言って途中で稽古を止めてしまったのである。

私「どうしたんだ？」
客役「すみません、我慢して踊っていたのですが、遂に見てしまいました！」
私「見たって何を？」
客役「僕が主役と踊っているフリをしていた時、誰かが僕の手を摑んだんです。気がつくと、左手は何者かの腰に添えているような感覚がして。とても怖かったんですが、最終日だし練習を止めてはいけないと思って我慢しました。でも、途中でその左手にあった感触がスルッと抜けたんです！」

私「スルッと抜けた⁉」

客役「何が起きたのかわからなくて、下を見たら、僕の腰あたりに少年の顔があったんです……！」

客役のスタジオ生によると、踊っている最中に急に誰かがダンスの相手役として彼の手を握り、腰に手を添わせ、さらにスルッといなくなって胴体のない真っ白な少年の顔だけがヘソの前あたりに浮かんでいたというのである！

さすがに、この時のスタジオ生は「僕、もう震えが止まらないので、今日のリハーサルは無理です。帰らせていただきます」と言って、帰宅してしまった。彼は、稽古場での霊体験も少ない方だったので、さぞかし心のダメージが大きかったのだろう。

直前のリハーサルで大きな不安を抱えてしまった『少年を売る店』だったが、不思議なことに、舞台の本番中におかしなことは一切起こらなかったのが幸いだった。

1997年　追いかけてくる老婆の生首

1993年にビルの廊下を走る子どもたちの姿を見て以来、稽古場で野球をする際は常に廊下から声がするようになっていた。考えてみると、4年間ずっと声が聞こえていたことになる。そんな1997年のある日のことだった。当時の劇団主将は稽古場で心霊現象が起きると、常に「おい、どっから来たんだよ、お前らぁ！　いるなら出てこい、幽霊なんていないぞ！」などと挑発するような発言をする気が強い青年だったのだが、そんな彼の身に大変なことが起きてしまったのだった。

実は、稽古場のフロアにはもう一部屋あり、現在は某店が入居している。その部屋はどの店も入居するや否や1週間もたたないうちに出て行ってしまい、店がコロコロ変わるような場所だったため、普段は空室のことの方が多かった。当時も空室の状態で、当然ドアも閉まっていたから中には入れないのだが、何やら不穏な空気が内側から漂ってくるのをみんな感じていた。そんなある日、主将が空室のドアを叩いてみたのだった。

ドンドンッと叩く。

するとﾞ、中からドンドンドンドンドンドンドンドンドンドンドンドンッとすごい勢いで叩き返す音が返ってきたのだ。しかも、その音が低い位置から聞こえてくるので「あ、これは子どもが叩いている」ということが瞬時にわかったそうだ。

それからというもの、ことあるごとに主将は「この部屋は子ども製造機だぜ、へへへへ」などと茶化しながらその店の壁やドアを叩いていたのだった。

某日、稽古場で野球をしていた時に、またいつものように子どもの声が聞こえてきた。そこで主将が「子どもたちが一体どこから走ってくるのか調べてみよう」と過激な発言をし出したのだ。

うちの稽古場の入っているビルには表階段と裏階段があり、子どもたちの足音は裏階段の方から聞こえてくることはわかっていた。

だから劇団主将は後輩たちを引き連れて裏階段を見に行こうとしたのだが、実のところ夜の裏階段は薄暗くて雰囲気もとても怖い。だから、みんな怖がって「さすがに行かないよ……」と断り、みんなでジイッと主将を見つめたのだった。その視線で察したのか、彼は「あー、わかったよ！　こういう時だけ俺ですか！」と言って、1人で裏階段へ行くことになったのだった。

主将は、稽古場を出てすぐ「幽霊たちよ、どっから来ているのか見せてください！どっから来ているのか見せてください！」と大声を張り上げながら歩いて行った。

しかし、ある地点から主将の声が聞こえなくなった。

「あれ？　主将、いつもと違ってやけにおとなしいですね」

なんてスタジオ生たちと話していると、彼が「ぎゃあああああ――――」とけたたましい叫び声を上げながら稽古場に戻ってきたのだった。

一体何があったのかと聞くと、彼が４階の裏階段を少し下りた瞬間、階段の上から人の気配のようなものを感じたらしい。なんだろうと思って折り返し階段の上を覗いてみると、６階あたりから険しい形相をした老婆がこちらをジッと見つめていたのだという。

すると、**その目をクァッとひん剝いて「あんた……いつもうるさくしている男だろう……こっちに来るな！」と男のような低い声で叫んだ**そうだ。

主将は一瞬息を呑むも、老婆の輪郭ははっきりと見えるし、急に見ず知らずの他人にイチャモンをつけられたことに腹が立って、〝来るな〟と言われたのにもかかわらず「なんであんたにそんなこと言われなきゃいけないんだよ！」と文句を言いながら上がっていこうとした。

その時だった！

人間ではありえない速さで階段の手すりのへりのところを老婆の生首だけがスライドして4階まで追いかけてきたのだ！

「ぎゃあああああああ！　首が！　首がぁぁぁぁぁぁぁぁ！」

これが、主将が顔面蒼白になりながら叫んで稽古場に逃げてきた事の顛末だった。

最初にこの話を聞いた時、あまりにも荒唐無稽なストーリーだったので、彼のことだから私を怖がらせようとしているのだと思い、

「ちょっと、そんなことあるわけないだろ？　馬鹿じゃないの？」

と軽くなじってしまった。しかし、ふと顔を見ると、さっきまで黒かった髪の毛が白くなっていたのだった！　しかも、泣くような子ではなかったのに半べソまでかいている……。恐怖で髪の毛が真っ白になるなんて、マリー・アントワネットの逸話くらいでしか聞いたことがなかったが、実際に彼は一瞬にして白髪になってしまったのだった。

「まさか、生首がフルスピードで手すりを滑り落ちてきたなんて……そんなことが本当に⁉」にわかには信じがたかったが、白髪という圧倒的ファクトを前に、私は納得した

のだった。

実は、私自身はいまだにこの老婆を目撃したことがない。しかし、劇団主将はこの日以降、廊下で子どもたちの声がする度に私の目を盗み、後輩たちに「裏階段の様子を見に行って来い」とけしかけるようになった。自分が見たものや体験を他人にも味わってもらいたかったのだろう。「階段のところまで行って、上を見てみろ」と指示していたのだった。その言葉通りに裏階段へ行ってしまった数人のスタジオ生は、一発で老婆の姿や生首を目撃し、もう二度と裏階段を使うことができないほどの恐怖を植えつけられてしまうのだった。現在、このエピソードを知るスタジオ生は全員気味悪がって裏階段には近寄らないようにしている。ちなみに、老婆の生首が吹っ飛んでくる時間帯はいつも深夜の2時〜3時頃だったそうだ。

◆主将の末路

主将が私のいないところで後輩たちに霊体験をさせていることを知った私は、後日「むやみにスタジオ生を怖がらせるのはやめてくれないか？　僕も商売だし、これでやめられてしまったら困るのだよ。頼むから裏階段だけはやめてくれないか？」とお願いした。

主将も心根は優しい子だったので了承してくれたのだが、残念なことに、その後彼はあまりいい人生を送らなかった。彼は一流国立大学出のエリートでとても賢く才能も豊かだったが、ある時から人が変わったようにギャンブル依存症になってしまったのだ。もしかすると、生首の恐怖から抜け出したくてその道に行ってしまったのかもしれないが、彼はうちの事務所の中でも売れっ子の俳優で2時間ドラマの準主役として毎回出演していたにもかかわらず、時間さえあればギャンブルをして、闇金にまで手を出し、とうとう稽古場に取り立てが来るようになったのだ。私は自分の管理不行き届きも原因の一つにあると思い、ポケットマネーから150万円を貸してしまったのだが、最終的には家族が来て実家に戻らせたいという相談を受けたのだった。彼の借金は1500万円以上に膨らんでいたという。

この本を書くにあたって初めて気づいたことがある。実は、この稽古場で幽霊を茶化しすぎたスタジオ生は全員ギャンブル依存症で借金まみれになっているのだ。全員といっても3人だけなのだが、彼らだけ異常に金運が下がっているのがどうにも気にかかる。

霊に嫌われるとお金がなくなるのだろうか？

また、稽古場にいる霊は良い霊だが、裏階段にいる霊は悪霊のようなものなのだろうか？　私の中での疑問はいまだに解消されていない。

実は、その生首の老婆がいた6階は〝いわくつきの6階〟で、性風俗店があったりほかにも黒い噂が過去にあったことから、よく警察が突入していたのだった。その時に逃亡手段として利用されるのが裏階段。その裏階段を使って、不法滞在者などが先に逃げている姿も目撃したことがある。かつてそこでは人の生死に関わる物品のやり取りもあったと聞いているので、社会的に危ない人間が集まっていたとはいえる（現在の話ではない）。そんな空間だからこそ、あの世の人間の中でも邪悪なモノが潜んでいたのではないだろうか。

首が滑り落ちてきた裏階段。
普段から暗い雰囲気が漂っており、ほとんどのスタジオ生は利用を拒んでいる。

１９９８年　劇団の躍進と幽霊の警告

この年を境に、年に1回の公演から2回の公演へと拡大した。一つは比較的キャパシティの小さい舞台でやる小公演、そしてもう一つはある程度の収容力がある劇場での本公演だ。劇団を発足して丸5年もたつと観客動員数も３０００人を超えてきて、年に2回公演をやれるだけの余裕ができたわけだ。

実は、年に1回の公演だとお客さんの数も増えないどころか減ってしまうこともあった。しかし、年に2回行うことでお客さんが定着し、新規の数も含めてどんどんファンが増えていくことがわかったのだ。そして、気づけばうちのスタジオ生も２００人くらいになり、劇団は大所帯になっていた。

上演した舞台作品は『短い尺時計の告白』と『逆さ屏風は恐ろしや』（再演）だった。前回の『逆さ屏風は恐ろしや』が高く評価されたこともあり、これがきっかけで入団したスタジオ生も多かったので、再演しようということになったのだ。

◆幽霊が我々に忠告

再演するにあたって、前回以上に派手な演出や、前とは違う〝見せ場〟を作らなければならないと考えた私は、ワイヤーで白鷺役の女性を吊るして大きくジャンプさせる大技を提案した。

うちの稽古場ではテクニカル的に大掛かりなことはできないので、別のスタジオを借りてアクションの練習をすることにした。

稽古場ではワイヤーで引っ張って飛ぶ時に「はい、そこでジャンプ」とだけ言うなど、タイミングを合わせるだけの練習に絞っていた。しかし、そのシーンになるといつもどこからか女性の声が聞こえてくるのだ。それも、白鷺役の女性が飛ぶ瞬間、一瞬シーンとなったところで誰かがボソボソと喋っているような、そんな声がするのだ。最初は誰かの私語だと思い「静かなシーンだから私語をやめて」と注意したのだが、白鷺役の女性が「いや、私語じゃないと思います」と言ってきたので、「どういうこと？」と尋ねると、「すぐ近くから声がするんです」と言う。でも、こんな大事なシーンで役者が喋るわけがないし、もしかして……幽霊？　と頭をよぎった。

その後、何度かこのシーンを稽古したのだが、やはり飛ぶ瞬間に限って何か喋っている女性の声が全員に聞こえる。すると、突然1人の女子スタジオ生がワナワナと震え出し、様子がおかしくなってしまった。「どうしたの?」と聞くと、「白鷺が飛ぶ瞬間に〝やめろ〟っていう声が聞こえる」と怯えながら言ったのであった。

次の練習中に、よくよく耳を澄まして聞いてみると、確かに「やめろ」という声が聞こえてきたのだ。その声は、あの〝死産じゃ〟と言う老婆のセリフの声とも似ていた。ボソボソと聞こえていた声は、ずっと「やめろやめろやめろやめろ」と言っていたのだ。

だが、うちの稽古場では様々なオカルト現象が起きるので、たかだか女性の霊の声くらいでは動じなくなっていた。「いつものことだから、気にせずやりましょう」と、予定通りアクションシーンの練習を始めたのが……それが間違いだった。あの声を無視しなければ良かったと後悔する事件がすぐに起きたのだ。

◆幽霊は予言していたのか、それとも……

数日後、本番の舞台と同じサイズで演じられる高田馬場のスタジオに移動して稽古を開始した。ここでは実際にワイヤーを使って白鷺がジャンプできる高さも、仕掛けもあった。完璧な設備が整う中、今回の舞台の肝であるアクションシーンを半日くらいかけてテストすることにした。

舞台監督がプランニングをしてくれて、演出部がワイヤーを引っ張ると、白鷺が上がる仕掛け――舞台用語で【鎮(しず)】というものを設置した。いわゆる〝重り〟だ。鎮は、ほとんどが金属で作られていて、ブロック塀に使われるブロックのような形をしている。この鎮を荷重調整として上に吊るしていたのだが、万が一何かあったら危ないということで、ワイヤーも何トンもの重さに耐えられる極太のものを用意していた。

準備万端でいざテストを始めた1回目だった。

白鷺役の女優がふっと体重をかけるやいなや、突然、ワイヤーが切れて舞台監督の上に吊るしていた鎮が落ちてきたのであった！　運よく舞台監督の真上ではなく少し頭をかするくらいだったのだが、何キロもあるブロック塀のような鎮がかすめたのだから、当然、一瞬にして血が噴き出しスタジオは血の海と化した。急いで救急車を呼んだのだが、結局、監督は頭を16針縫うことになってしまった。

不謹慎ながら舞台監督を気遣うよりも先に「今年の舞台はもうできない」という不安が頭をよぎった。

これは余談だが、事故ということで病院には事情聴取のために刑事も来ていた。私が責任者だったのでどんな経緯で事故が起きたのかを説明していると、隣の病室で傷の手当をされていた舞台監督が担当医に「それにしても、なぜ鎮が落ちてきたんでしょう？　だってあの太いワイヤーが切れるなんてどう考えても計算上ありえない。女優の体重は50キロもなかったのに……今すぐにでも何が起きたのかを検証に行きたいですよ」と話しているのが聞こえた。

私と話していた刑事も思わず聞き取りをやめ、「舞台をやる人たちってすごいですね。あんなに大怪我をしてるのに冷静に事故状況を喋り続けられるんですかね？」と聞いてきた。私は静かに「そんな人は世界中に何人もいないと思いますけど……彼は特別です」と答えたのだった。

今思えば、練習中に聞こえてきた女性の声はきっと我々への忠告だったのだろう。結局、舞台公演は行えたものの、大事をとって目玉のワイヤーアクションはやめることにしたのだった。

これも余談なのだが、同年に上演した『短い尺時計の告白』は銀座の小劇場での公演だった。この公演は大ヒットし、その劇場での観客動員数の記録を塗り替えた。連日満席になるどころか、リピーターの数も多くて中に入れずに帰った人も多くいた。

実は、この公演は『逆さ屏風は恐ろしや』（再演）の前に上演した演目で、その大ヒットに調子に乗ってしまった自分がいたのかもしれない。だから、次の公演で派手なことをしたいと思ってしまいワイヤーアクションを入れたわけだが、私の驕りが霊に見抜かれてしまったのだろうか。女性の「やめろ」という言葉は無茶をするなという意味にも取れたし、天狗にならずに謙虚になりなさいという意味にも取れたので、怖かったけれどありがたい一言でもあった。

とはいえ、別の見方もできる。幽霊が故意に我々を傷つけたならば、それはとても恐ろしいことではないか？　あるいは、幽霊は予知能力を持っているのだろうか？　というのも、基本的には稽古場でしか心霊現象は起きないはずなのに、今回の事故は別のスタジオで起きた。――つまり、元々あの高田馬場スタジオでは事故が起きる未来が確定していたからこそ、稽古場で指摘してくれていたのではないのか？

「やめろ」というメッセージに込められた真意はいまだに謎のままである。

1999年　猫の霊の登場

この年に上演したのは『下を向くゼブラ』と『石の下の記録―短い尺時計の告白―』だった。『石の下の記録―短い尺時計の告白―』は昨年大ヒットした『短い尺時計の告白』の再演で、前年よりも大きな劇場で行った。

『下を向くゼブラ』に関しては、稽古中も公演中も何もおかしなことが起きなかった。私の感覚もだいぶズレているのだが、何も起きないと「あれ？」と拍子抜けしてしまう。この公演はそんな印象だった。

そして、本公演となった『石の下の記録―短い尺時計の告白―』。これには原作となる本があり、それは推理小説作家・大下宇陀児（おおしたうだる）の『石の下の記録』だった。この本は東京大学の大学生たちが高利貸し屋を開業して大成功するものの、最終的に債務返済に追われて社長が服毒自殺する「光クラブ事件」という、実際に起きた昭和の事件をモデルとして書かれた本だ。それもあって、光クラブ事件に興味のある人や考察者も劇場に足を運ぶ程の反響だった。だが、それと同時に〝おかしなこと〟も起きていたのである。

劇のストーリーは実話とは違い、青酸カリを飲まされて殺害される被害者がいる設定にした。犯人は、オフィスで被害者を殺害後に遺体を山中に埋めようとするが、移動に手間取り断念。結局自分のオフィスの床を掘れるだけ掘って埋めようとするのだが、掘っている途中に岩盤にぶつかってしまう。結局、床から少し遺体がはみ出たまま、浮かんでいる遺体部分をコンクリートで固めるのだった。そのコンクリートの段差を怪しまれ、最後警察に遺体を発見されるというストーリーだ。

劇中では、殺害が実行された後に友人がオフィスに遊びに来るシーンがある。その友人はコンクリートの段差を見て、「何でこんなところに段差を作ったんだい？」と聞き、犯人は「自分が可愛がっている猫が死んでしまって、捨てきれなくて、ここに埋めたんだよ」と言うのだ。

まさにこのセリフの場面で、必ずどこからか猫の鳴き声が聞こえてくるのであった。あまりにもハッキリと聞こえるので、私はスタジオ生に「まだ練習中だから、猫の声のSEは流さなくていいよ」と言ったのだが、スタジオ生は「いやいや、まだプランナーの方もいらっしゃってないから、機材自体出していませんよ。それに演出を無視して音なんか流せませんよ」と言うのであった。

しかし、このシーンになると猫の鳴き声が聞こえてくるので、この声はどこから聞こえてくるのだろうと不思議でたまらなかった。猫の声は同じ場所からではなく日によって上から聞こえたり、下から聞こえたりしたので、本当に猫がいるのではないか？　と思ってしまう程、それっぽいものだった。それだけではない。フェイク人形として猫の遺体も作ったのだが、この小道具がしょっちゅう紛失してしまうのだった。「猫の遺体がないぞ、どこにもない！」とみんなで探すと、また「ニャー」という声がしてきて、声がした方向を探すと、舞台セットの裏側から出現したりするのだった。この現象は何度も何度も繰り返された。

猫の声は舞台が終演して20年以上たった現在でも確認されている。吉本芸人・デニスさんの『デニスの怖い YouTube』などでもハッキリと猫の声が録れているのだ。

当然、稽古場で猫を飼っているわけではないし、あのビルで猫を目撃するようなこともない。私が思うに、１９９９年のこの舞台をきっかけに、今に至るまで猫の幽霊が棲み付いたのではないだろうか。実話に基づいている作品だったことで、引き寄せやすかったのかもしれない。

この体験を機に、私は舞台の作品によってオカルト現象のレパートリーが増えることに気づいたのだった。

著者に直撃！ 心霊コラム②

Q 幽霊と目が合うか？

A

私の場合は幽霊と向き合う時はだいたい目を見ています。表現が難しいのですが、黒目が動かないというか、瞳が固定している印象の方が多く、それなのに〝こっちを見ている感じがする〟ケースが一番多いですね。また、ナイトモードカメラで撮影した猫のように目が光っているパターンも何度か見ました。白目がなくて全部黒目に見えた時もあります。そう考えると、目に特徴のある方が多いですね。

ヨコザワ・プロダクション30年心霊史

3章　2000〜2006年

２０００年　白い手の出現

２０００年に突入する前から数々のオカルト現象が起きている稽古場なのだが、大きな出来事のみを拾って話してきたので、今一度、頻繁に稽古場で起こる主な現象をまとめておきたいと思う。あまりにも頻繁に起きていたので、何年に起きたのか時系列に沿ってまとめるのが難しいのだが、とにかくうちのメインオカルト現象だ。

・人の声（呻(うめ)き声）が聞こえる
・棚が揺れる
・稽古場を覆っている暗幕が揺れる
・照明が明滅する
・物が移動する
・お香の匂いがする

最初に挙げた「人の声が聞こえる」というものは、声の80%は呻き声なのだが、なぜかトイレの中でだけは「おい」とか「お前」など言葉を投げかけてくるので不思議でならなかった。

そして、2000年になるといよいよ白い手のお出ましだ。

この年に上演した『月光石』という作品は、白塗りの家のセットで内装も白壁を施した舞台美術だった。そのため、うちの稽古場もすべて黒幕から白幕に変えたのだが、そうすると信じられないほど目が疲れるのだ。とてもじゃないけど目を開けていられない程、目に疲労がたまるので、私は「ちょっとこれでは練習できないから、（脚本を務めた）父や、作家が来る時以外は電気を薄暗くしよう」と提案した。

そしてある時、父が稽古の様子を見にやってきた。すると、白いセットの中で一つだけ黒いまま置かれていた当時のアナログスピーカーを指差して、「あれも白くしてくれないと、空間のイメージが摑めない」と言い出したのだ。

仕方がないので私たちはそのスピーカーにも白幕をかけることにした。数名のスタジオ生が電気がしっかりと点いた状況下で白幕で覆う作業をしていると、1人のスタジオ生が「あれ？　上手奥のスピーカーの後ろから何か白いものが出てませんか？」と言い出した。私は「白すぎて見えないから、もう少し照明を落としてみようか」と提案した。するど、スピーカーの後ろから半透明の白くて長い手が出現したのだ！

出現したというより「そこにあった・居た」という表現の方が正しいかもしれない。要するに、白い手は光と環境に負けて見えていなかっただけで、薄暗くするとハッキリと見えるのだった。もちろん、スピーカーに幕をかけていたスタジオ生は全員ひっくり返るほど驚いた。なにせ、顔の真ん前に手が出てきたのだから仰天するだろう。その日はスタジオ生全員が白い手を目撃したのだった。

ただでさえ様々な現象が起こる稽古場なので、そちらに気を取られすぎて気づかなかったのだが、ひょっとすると白い手はもっと前から出現していたのかもしれないと私は思っている。この日まで照明を落とした状態で芝居をすることもなかったし、「能動的に〝見える幽霊〟を探す」という行為もしていなかったので、単にこれまで気づかなかっただけなのではないだろうか。積極的に暗くして探すようになってからはバンバン見えるようになってしまったのだ。

もう一つ、印象に残っていることは白い手が少し発光していたということだ。それも、明るい場所では見えにくかった原因なのではないだろうか。

後日、5〜6人のスタジオ生と夜の稽古場に残っていた時にも白い手を見つけ、その際に新たに発見したこともあった。その日は白い手が何度も出現したのだが、舞台上からでなく、玄関口の天井から出てきたのだ。「あ、別の場所からも出るんだ……」とこの時初めてわかったのだった。それ以降、天井、壁、椅子、舞台セットなどあらゆる場所から手が出現するのがデフォルトとなった。また、ある時には複数本同時に出てくることもあった。場所も出方も多種多様な白い手なのであった。

◆6メートルも伸びる手

また、2000年は自分たちの稽古している姿をビデオに撮って客観的に見るという習慣ができた年でもある。現在はDVDで映像をダビングしているのだが、当時はまだビデオテープを使用していた。芝居をしている姿を映像で確認できるのは良いのだが、ビデオを見たスタジオ生から白い手が映っているとか、誰も触っていないのに幕が揺れているだとか、そういう報告が相次ぎ、おかしなものが映り込む度にビデオテープをお祓いに持って行くようになった。そのうちみんな慣れてきて、何かが映ったとしてもそのまま上書きして録画するようになるのだが、最初のうちはお祓いの頻度が多くてとても大変だったのだ。

そこで、印象に残った映像がある。実は、X君というスタジオ生が稽古場にいると明らかに白い手の出現頻度が上がるという傾向があった。そんなX君が、ある時、室内野球に負けてその罰ゲームとして大嫌いな納豆の大盛りを食べることになった。私はその場にいなかったのだが、悪ノリしたスタジオ生たちがX君が泣く泣く納豆を食べるところを映像で撮っていたのだ。すると、撮っている最中にスピーカーからろくろ首のような6メートルくらいの手が出てきて、X君の左肩にのったのだ。X君は肉眼では見えていないのだが、撮影者はカメラを通して見えているという状況だったそうだ。

私もその動画を見たが、ほんとうに長くて白くてウニャウニャと動く手だったから驚いた。残念ながら当時は映像を残すという発想がなかったので、その映像もお祓いに持っていってしまった。

明らかに白い手に好かれたX君なのだが、その後、彼の身に何も起きなかったわけではない。それはまた後で話そう。

〈定点カメラで撮影された手の写真〉

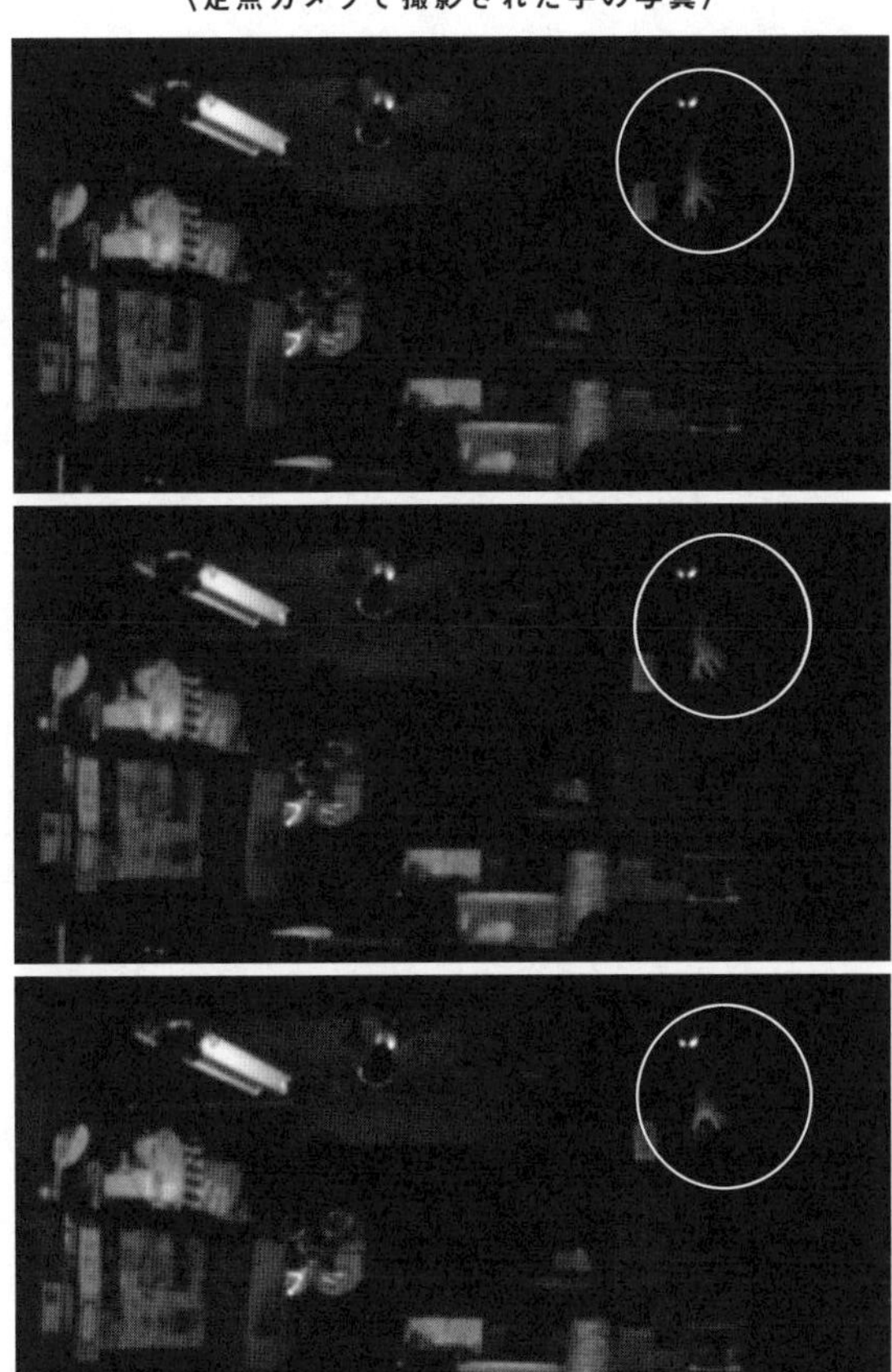

天井から手がぐっと伸びて動いているのがわかるだろう。何を摑もうとしているのか。ただし、X君の映像に映っていた6メートルの手はこの3～4倍は伸びていた。

2001年　舞台『エクソシスト』上演

2001年は私の人生において最大のイベントが訪れた日でもある。幼少期に観て心の底から陶酔した私の生涯No.1映画『エクソシスト』の舞台上演権を、原作者のウィリアム・ピーター・ブラッティ氏から買い、日本で上演するという永年の夢が実現された年なのである。

そして挑んだ舞台『エクソシスト』は、私もスタジオ生も〝必ず何かとんでもないことが起きる〟と覚悟して挑んだ作品だった。しかし、練習中から本番まで何も起こらなかったのである。何もなかったというのは語弊があるのだが、強烈な現象は起こらなかったということだ。

それよりも、私の自宅の書斎での出来事の方が印象に残っている。それは『エクソシスト』の舞台本を執筆していた時のことだった。2001年にもなって時代遅れと言われてしまいそうだが、私はペンで原稿を執筆していた。書いていたのは悪魔祓いのシーン。その時だった。突然、机の上のペンがくるくると回り出したのだ。そして、資料としてデッキに入っていた映画『エクソシスト』が勝手に再生された。しかもなんと、再生されたのが悪魔祓いのシーンだったのだ！　さすがに怖くなってテレビの電源を消すと、暗くなった画面の中に小さなピエロが現れ、カタカタという音をさせながら右から左へと動いて消えていったのであった。あれは今でも時々思い出すとゾクッとするような体験だった。実は今でも私は、ペンが勝手に回り出したり、テレビや電気が勝手に点いたりといった電気系統の異常に出くわすことが多い。

2002〜2003年　霊と共存した稽古場

この時期の本公演では、少し不思議な話や、怖い話、物悲しい作品が多かった。

2002年には、父が書いた、東北にまつわる少し不思議で怖い話『ダンディライオン』を上演。続く2003年には児童怪奇文学の傑作である『猿の手』を上演したのだが、特筆するほどの心霊現象は起きなかったと記憶している。「息子を返してちょうだい」と母親が叫ぶシーンで必ずドアのセットがガタガタと揺れ出す程度で、あとは、お馴染みの白い手、幽霊の声、線香の匂いなどの現象が引き続き起きるだけだった。これらの現象が起きても誰も驚かないし、完全に劇団と幽霊が共存できていた穏やかな年だったと思う。

2004年　一人肝試しで大惨事

この年はメアリー・シェリー原作の『フランケンシュタイン』をモチーフにした『美しき心の中に』という作品を上演したのだが、舞台公演が無事に終わり、次の公演に向けて練習している時だった。

遅くまで稽古場に残っていた数人のスタジオ生と私は車座になって怪談話をすることにした（自分でも呆れるほどの幽霊好きだとつくづく感じる）。怪談話を1人ずつ披露していると、急に舞台奥からガタンと音が鳴ったり、ホワイトボードに置いてあったペンが落ちてきたり、照明が明滅したり、と普段よりも激しめのオカルト現象が起きたのだ。

「今日はポルターガイスト現象がひどいので、そろそろ怪談話をやめよう」

スタジオ生が話していると、白い手に愛された男・X君が、1人で突然稽古場にやってきたのだ。「何でこんな時間に?」と尋ねると、終電を逃したから稽古場で寝て帰ろうと思う、と言う。

私は、「今、怪談話をしていたらちょっとキツイ現象が色々起きたから、少し危険な気がする。ここで寝るのはやめた方がいい」と説得したのだが、X君は「僕は、幽霊を信じていないから大丈夫だ」と言って聞かない。私がいくら止めても「自分は幽霊なんか見たことがない」「何も怖くない」「何も起きやしない」の一点張り。ちょっとした口論になってしまったわけだが、X君は一歩も譲らない。スタジオ生が「本当に怖くないんだな？　1人でこの稽古場に居られるんだな」と詰め寄ると、待ってましたといわんばかりに「じゃあ、僕はこの稽古場で一人肝試しをやってやろうじゃないか」と言い出したのだ。X君自らが一人肝試しというアイデアを出してきたので、みんな面白がって「じゃあ、やってみろ」となった。

X君は、当時怖いと評判だった映画『女優霊』を観ながら1人で朝まで稽古場に居座ると宣言した。しかし、「映画を観るだけなら、映画館にいるような感じで怖くないから音声だけを流すことにしよう。それから、明るくしていても肝試しにならないから、照明を暗くして、和蠟燭1本を立てた状態で映画の音声を流すのはどうだ？」と言い出す性格の悪いスタジオ生がいたのである。

挑発的なこの提案に、X君は「（音声だけの方が）それは楽だわ」と答えるのだった。するど、さらに性格の悪いスタジオ生が「待って、お前、俺らが帰って1人になったら明るくした状態で、映画も流さずに寝るんじゃないの？」と言い出した。X君は「だったらいつもレッスンを撮っているこのカメラで俺が1人で退屈してる姿を記録して見せてやるよ」。

　そう言ってX君の一人肝試しが始まり、我々は帰宅したのだった。

◆巨大な下半身幽霊の出現

　意気揚々とカメラをセッティングしたX君は、心霊映画の音声だけを流し、明かりを消し、目の前に和蠟燭を1本だけ立てて座っていたそうだ。しかし、数分で場の様子に変化が訪れる。異様な空気と、尋常ではないくらいのラップ音……次第にビビり出したX君は、しばらく耐えていたものの、すぐに「もう限界だ！」と、稽古場から逃げ出してしまったのだ。しかも、恐怖のあまり和蠟燭を消すのも忘れて稽古場を飛び出してしまった。

　幸いにも、稽古場の近所に住んでいた劇団の主将がX君からの連絡ですぐに和蠟燭の火を消しに行ってくれたので火事にならずに済んだのだが、もちろんX君は後でこっぴどく私に叱られた。一晩肝試しをすると言ったX君が実際に実行できたのは、たった22

分59秒であった。

だが、これだけでは終わらない。本当の恐怖は映像に残されていたのである。ラップ音にビクついて辺りを見るX君の体の横に、白い手が3回も出ては消えてを繰り返すのであった。しかも、X君はその手には全く気づいていないから不思議だ。しかも、このビデオに映っていたのは白い手だけではなかった。なんと巨大な白い下半身の幽霊が裸でA君の後ろを歩いている姿がはっきりと映っていたのであった。

1996年の舞台『少年を売る店』で私が見た足は、ズボンと靴を穿いていたが、この映像に映っている白い足は生足だった。しかも胸あたりから上は映っていない。そして、どうやらX君が座っていた場所とは少し時空が違うのか、明らかに床を歩いている感じはせず、少し浮いていくように上へと歩いていくのであった（120〜121ページにその時の映像を載せておくので心して見てほしい）。

本来ならばこのビデオテープもお祓いに持って行くはずだったのだが、さすがにこの映像は〝レア〟だったので、記念に持っておくことにした。

この年は白い手だけではなく、白い足も出るのだと判明した年だった。

白い手に愛されたX君は、その後どうなったのかというと、ギャンブル好きが高じて役者を目指すために貯めていた数百万円をすべて溶かし、もともとあった心臓の持病の問題もあって劇団をやめてしまうのであった。

〈問題となった一人肝試しの映像〉

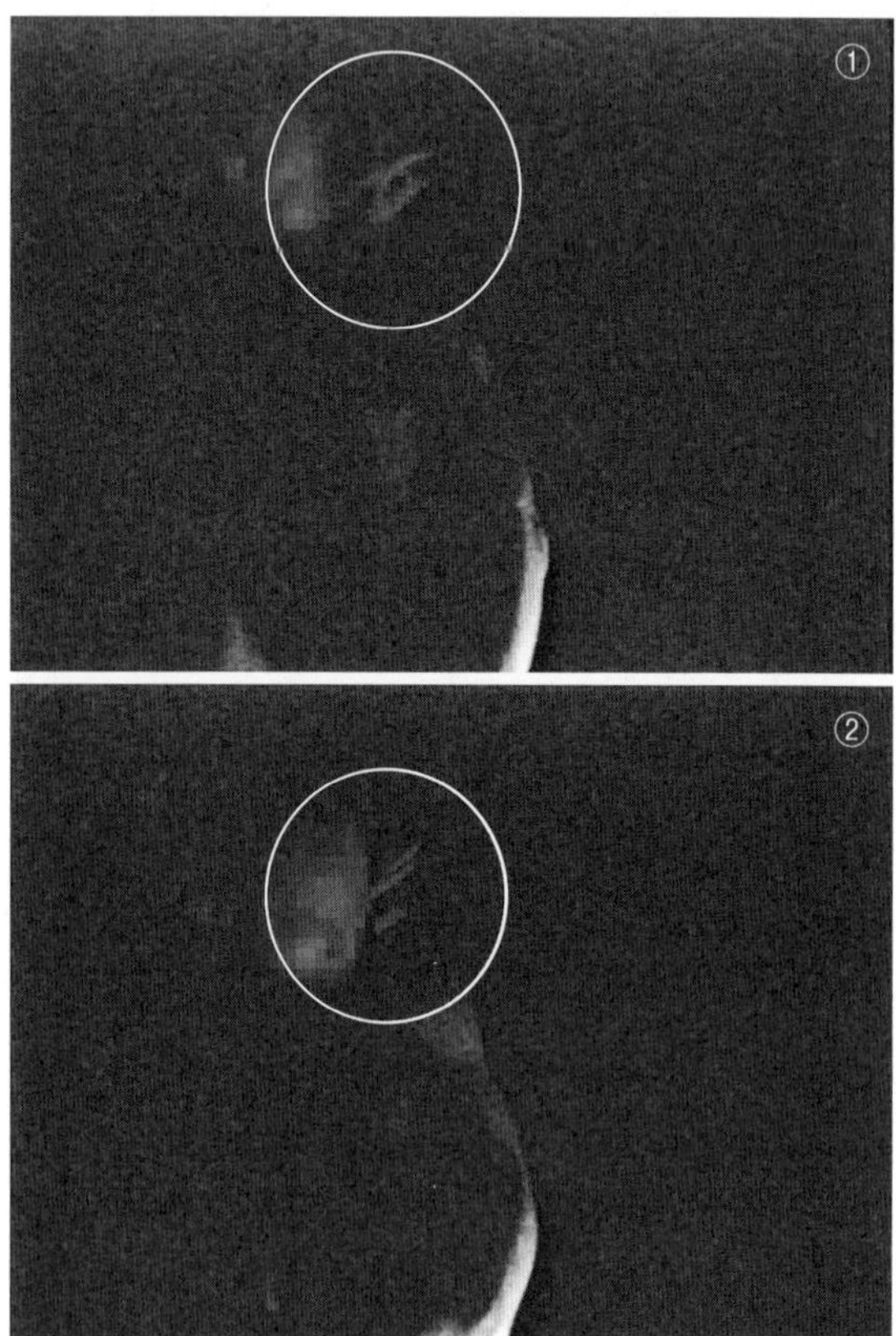

上、下どちらの写真にも、顔の横から手が出ているのがわかる。

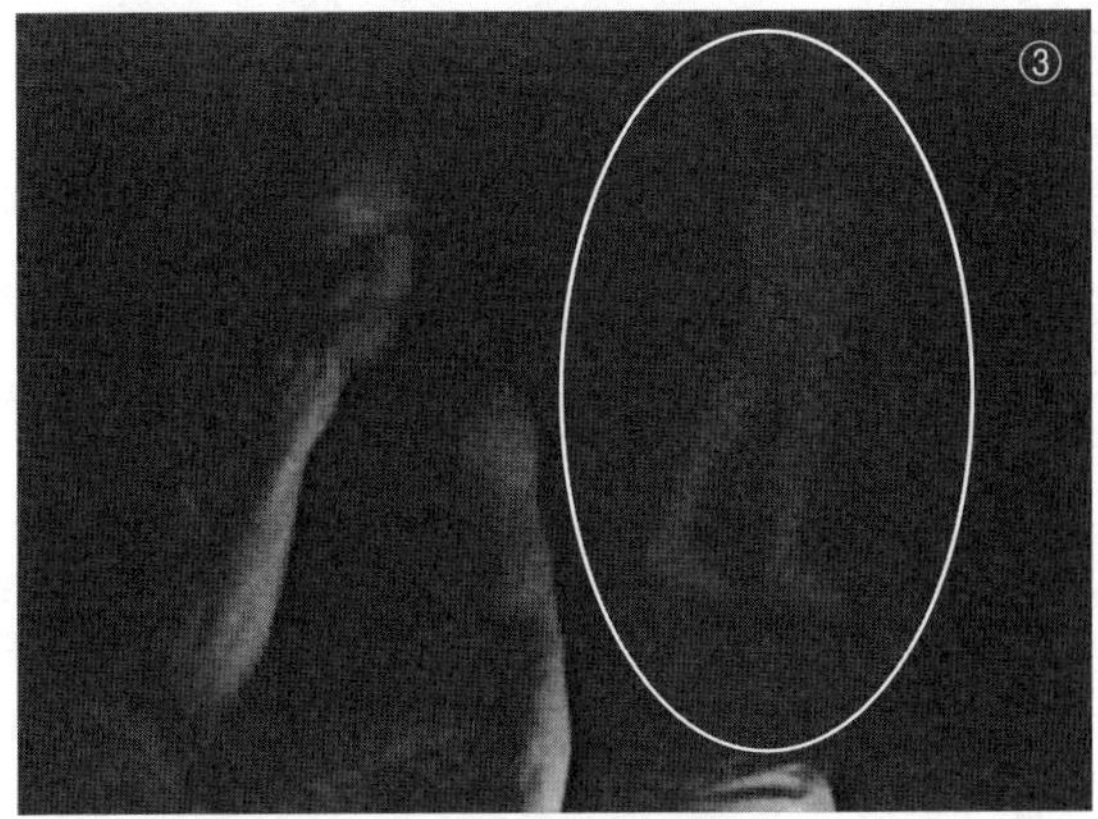

これは、巨大な下半身が映ったシーン。映像ではしっかりと見えるのだが写真にするとあまりにも暗すぎてうまく伝えられないのが残念だ（映画『三茶のポルターガイスト』で実際の映像が流れるので、気になった方はぜひ映画をご覧いただきたい）。うっすらと二本足があるのはおわかりいただけるかな？　映像ではこれが空中を歩いている様子がわかる。

２００５年　遂に本体が再び出現！

この年に上演した作品は吸血鬼ドラキュラをモチーフにした『ゴールデンムーン』だった。舞台稽古が終わった後はすぐに帰宅してよいことになっていたのだが、なぜか数人の決まったメンバーが毎回稽古場に残り、次の日も稽古があるのに夜通し怖い映像集を観るという習慣ができていた。つまり徹夜で次の日の稽古に出るということである。うちの稽古場は立地環境も良く、目の前に商業ビルがあってそこに某大手レンタルビデオ店が入っているものだから、観ては借りて観ては借りてを繰り返し、そのうちに恐怖映像集を全巻制覇しようという流れになってしまったのだ。

全巻制覇を目指した2日目の夜のことだ。我々の体力も限界にきていたので見間違いだと思われるかもしれないが、**舞台の鏡前に体育座りをしている裸の少年がいたのを、稽古場にいた10人くらいのスタジオ生とともにはっきり見た**のである！

その少年は細くてヒョロヒョロッとした子だった。同じような体型をしているスタジオ生のB君がいたので、シルエットだけ見ててっきりB君だと思って「おーいB、そんな所で何してんだ」と話しかけると、全然違う方向からB君が「俺、ここにいます」と返事をしたのである。驚いてその場にいた全員と一斉に少年の方を見ると、**全く知らない白い少年が裸のまま体育座りをして、うつむいていた**のだった。

稽古場は一瞬にしてパニックになった。そして、スタジオ生の1人が「お前誰だよ！」と叫んだのだ。次の瞬間、その少年はスッと鏡の中に消えてしまったのだった……。

あまりにも衝撃的な現象に、全員が呆気にとられていた。真っ白い裸の体を丸めてうつむく少年の姿は決して景気のいいものではなかったし、私は「こんな現象を見てしまったので、もうビデオ鑑賞会はお開きにしよう」と言った。しかし、あるスタジオ生が「今起きた現象以上のことが怖い映像集にあるかもしれません。後学のためにもこのまま最後まで観て心霊現象を把握しましょう」と言い出し、結局ビデオ鑑賞会を続けたのだった。そのやり取りを見て白い少年もダメだこりゃと思ったのか、この日以降、ビデオ鑑賞会中に姿を現すことはなかった。

これは余談だが、この年は親御さんからのクレームが本当に多い年だった。「子どもが何時になっても帰って来ない」とか「子どもと連絡がつかない」だとか。ビデオ鑑賞会で携帯もマナーモードにしていたので、連絡がつかないスタジオ生が多々いたのである。ある親御さんからは「演劇を装って、何かすり込ませて洗脳させて、帰さないようにしているのではないか？」と怪しい集団だと疑われ、かなりお叱りを受けたこともあった。だから白い少年が我々の〝恐怖映像が観たい〟という暴走を止めるために出てきてくれたのかもしれないが、それも虚しく、鑑賞会は続いてしまったのだった……。

2006年　白い大蛇の出現

舞台の本公演が終わるとだいたい11月になっているので、11〜12月は普段のスクールカリキュラムをこなしていく月になる。

昼クラスに通うC君は、ビデオ鑑賞会の日々が楽しかったのか、本公演が終わった後に「またみんなで稽古場に残って、怖い映画でも観ませんか？」と誘ってきた。しかし、親御さんからのクレームの件もあったので、私はやんわりと断った。するとC君は自宅で1人、怖い映像集や映画を観るようになり、どんどんそっちの世界にのめり込んでいってしまったのだった。

恐怖映像の魅力に取り憑かれてしまったC君は、みるみる様子がおかしくなっていった。普段の稽古の時は心ここにあらず、ぼーっとしているのだが、雑談で怖い話が始まると、急に人が変わったようにテンションが上がって喋り出すのであった。

ある日、そんなC君は、私の知らないところで後輩を捕まえて海外版のコックリさんと呼ばれている「ウィジャボード」という降霊グッズを片手に「稽古場で降霊術をやろう」と誘ったのだった。しかし、後輩もさすがにC君のことを怖いと思ったのか誘いを断ったそうだ。これは私の予想だが、C君はこの頃、自分のプライベートな時間の大方をオカルトに費やしていたように思う。不安になった私は「さすがにほどほどにしなさいよ」と釘を刺したりしていたのだが、不安は的中してしまったのか、この後とんでもないことが起きるのである。

◆獣臭いC君

ある日、C君は足を引きずりながら稽古場へやってきた。私が気になったのは足よりも彼の目だった。C君の目ではないような引きつり方をしていたので私が「あれ？　C君だよな？」と聞いたほどだ。C君は「はい。そうですけど」と答えたが、どう考えても目つきがおかしい。足は格安の物件を見つけて引っ越したら、片付けの最中にタンスがいきなり倒れてきて怪我をしたというのである。

私「お前まさか、変なことばっかりやってないだろうな？」

C「いや、オカルト的なことはもう興味がなくなったので一切やっていませんよ」

私「本当か？　ならいいんだけど……。足は大丈夫か？」
C「こんなの痛くもないんで全然平気ですよ」

それから数日後のことだ。稽古場に入ると、動物園にいるかのような獣の臭いがした。最初は臭いの元がわからなかったのだが、日ごとに臭いはキツくなっていき、それがC君の体から発していることがわかった。

私「お前、ちゃんと風呂入ってる？」
C「毎日入ってますよ」

C君は不潔にしているわけでもなく、洋服も毎日洗濯しているようだったが、なぜか臭いは日に日に強くなっていくのであった。そして、全然平気だと言っていた足の怪我も、どう考えても悪化していて、激しく引きずるようになっていた。

この臭いは、私だけが感じ取るものではなかった。スタジオ生全員が「臭い」と言い出し、あまりにも強烈な臭いがするため、段々とC君の周りに人が近寄らないようになってしまったのである。

◆大蛇の出現

そんなある日、何かのきっかけでスタジオ生の怒りが爆発し、C君と口論になった。C君は自分が避けられていることに腹を立てていたので、「何だよ！　言いたいことがあるならハッキリ言えよ！」と一触即発の状況になったところで私は止めに入り、「お前少し落ち着け！」と、C君の背中をバンと強く叩いたのだった。

その時だった。

Cくんの背中が盛り上がり、首の後ろがボコッと大きく膨れ上がったのだ。Cくんは衣装の浴衣を着ていたのだが、背中から首にかけてムクムクとその腫れは拡大し、浴衣が完全に着崩れるほど謎の〝腫れ〟に引っ張られてしまったのだ。「おいおいおいおいおいおい」と動揺した次の瞬間、**浴衣の中から半透明の白い大蛇が出てきた**のであった。

大蛇は部屋の空中を縦横無尽にバタバタと飛び回り、扉の隙間から倉庫に入ると、その窓から外に出て世田谷通りの方へと去って行ったのだった。

C君は泡を吹いて意識を失って倒れていた。

スタジオ生が揺すって声をかけるとすぐに目を覚ましたのだが、C君は自分がどこにいるのかもわからないようで、第一声が「あれ、ここ、稽古場ですか？」だった。大蛇が去って行った後は強烈な臭いもなくなり、Cくんの目つきも普通に戻っていた……。

私は大蛇が出現する少し前から「C君はもしかして、変なものに取り憑かれているんじゃないか」と疑っていた。だから、無意識ではあるが、強めに背中を叩いたのだと思う。そうすれば何か憑き物が落ちるような気がしていたのだ。結果的に、蛇が出ていってくれて本当に良かったと思っている。

◆見える人、見えない時

ここまで大きなことが起こってしまうとさすがにもう出尽くした感があって、その後はしばらく相変わらずのオカルト現象がランダムに起き続けるだけだった。この頃になると劇団の幹部になる子たちも稽古場で起こるオカルト現象に慣れ始めていたので、爆弾級の現象が起きない限りは話題にもならないくらいであった。それでも、入りたての新人さんはちょっとしたオカルト現象にも反応し「今の何ですか？」と先輩に聞くことは度々あった。先輩たちは何度も説明しているうちにそんな後輩をうまくなだめるスキルも磨いていった。後輩たちもそんなもんかと思い、彼らにとっても段々とオカルト現象が大事にならなくなるのであった。

いつの間にか稽古場は心霊現象が日常と化してしまったが、全員が「見える」わけではなかった。たとえば、白い手に関して言えば、カメラでとらえることはできても、肉眼では見えない人もいる。うちのスタジオ生で考えると3分の1くらいが肉眼では見ることができないタイプだ。3分の2のスタジオ生が目の前の手を見ていても、数名だけが「見えない、見えない、どこ⁉」と騒いでいたことが何度かあった。

また、「見える」のは、うちのスタジオ生だけに限らない。以前、朝ドラや大河、ドラマスペシャルなど多数の作品を手掛けた大物プロデューサーのYさん（通称「Yじい」）が、講師として出入りしていた時期があった。

ある時、講義の最中にYじいが私に対して怒り出した。「おい横澤、変な仕掛けするなよ」と。そう言われても私にはもちろん身に覚えがない。Yじいは、後ろを指さし、「いくら劇団でもやりすぎだ！　白塗りの人間なんか立たせて何が面白いんだ、真面目にやれよ」とカンカンに怒り続ける。振り返っても何も見えなかった私は、「Yじい、俺はやってないから！」と必死に説明したが、理解してもらえない。講義を聞いていたスタジオ生の中には、Yじいと同じく見えた者もいたが、半数のスタジオ生は私と同様に見えていなかった。裏階段の老婆の霊を一度も目撃したことがないように、私に見えないことも多々あるのだ。ちなみにYじいは、あの時のことを、いまだに私の悪ふざけと思っているらしい……。

著者に直撃！ 心霊コラム③

Q 幽霊は危害を加えるか？

A

うちの稽古場には良い霊と悪い霊が混在しているような気がします。そして、霊を軽視してリスペクトしない態度を取る人は嫌われやすいというのが経験上わかったことです。実際に危害を加えているのかはわかりませんが……条件が揃えば危害を加えることができるエネルギーを持っているのではないでしょうか。そうでないとポルターガイスト現象を説明できません。

霊に嫌われると、体調が悪くなったり、お金に嫌われる傾向があると思っています。逆に、正しく接して共存しようと努力すれば大きな力になってくれる存在だとも思っています。

ヨコザワ・プロダクション
30年心霊史

4章 1967〜1990年

1967年　夏でも赤いチャンチャンコの女の子

ここで、少し私のことについて話しておきたい。普通ならば、これほど頻繁にオカルト現象が起きる稽古場にはこれ以上いたくないと思うはずなのだが、何か起きるたびに自分に都合よく解釈して楽天的に捉えることができたのには、私の幼少期の経験が影響している。

人間にとって最初の記憶はいくつぐらいのものなのだろうか？　人それぞれだとは思うが、私の場合は3歳の夏の頃の記憶が鮮明に残っている。当時は、俳優を諦めてファッションデザイナーの道を目指したばかりで稼ぎのない父と、その父と恋愛結婚した母と私とで大変な極貧生活を送っていた。杉並区永福町の有名なラーメン屋「大勝軒」の裏あたりにあったとてつもなくボロアパートに住んでいて、トイレは共同、顔を洗ったり歯を磨いたりする水場も共同。室内の各部屋には電気とガスだけが通っており、台所といっても煮たり焼いたりするだけの猫の額ほどのキッチン。そして六畳一間のみという実に質素な間取りだった。もちろん風呂なしだ。

その共同水場で、半袖短パンにサンダルをはいた私が1人で水遊びをしていると、必ず、いつの間にか右側の蛇口から水が出てくるのだった。そうすると私は「あ、来たんだな」と思い、右側に目をやると、廊下に透けた女の子がスッと浮かんでいたのである。

今思うと不思議なのだが、その子は夏にもかかわらず赤いチャンチャンコのようなものを着ていて、下は紺地に白の絣（かすり）が入ったもんぺ、そして草履を履いていた記憶がある。その女の子が現れると、私はとっても楽しい気分になった。我々は、目が合うとすぐに2人でおままごとを始めた。

ある時はその子の旦那さん役になってみたり、またある時はその子が演技で病気になると、私は水場でご飯を作ってあげるフリをして看病したり……そんな遊びをよくしていた。男の子だったので、普段なら恥ずかしがってやらないようなおままごとだったが、なぜか自分から率先してやっていたように思う。

もちろん、それは1日だけの出来事ではなかった。私が覚えている限りでは、7月頃に現れた彼女は、ずっとそこに存在して私と遊んでいたような気がする。だが、その女の子と出会ってから3〜4日目のことである。

一緒に遊んでいると、いきなり母がやってきて「何をやっているの、丈二くん」と尋ねてきた。そして、母がそう言うと同時に、女の子はおままごとに使っていた蛇口をキュッとひねって水を止めてしまったのだ。それは、彼女なりの気遣いだったのか、存在表明だったのか、私の母が怖かったからなのかはわからない。

とにかく私は、女の子の気分を害してしまうと思い、「やめてよ、ママ」と言った。しかし母は、「あんた、2つも水を出しっぱなしにしていたら住んでいる人たちに怒られちゃうでしょう」と言うのだった。

私「でも、一緒に遊んでいたのだから仕方ないじゃない」

母「そんな馬鹿なこと言わないで。だって、どこにいるのよ、その女の子は？　どこにもいないじゃない」

私「え？　いるじゃない」

私が彼女の方を見てみると、いつの間にか彼女は共同トイレの方にサササと走って行き、スッと扉を開けることもなく消えていったのだった。今考えると不思議なのだが、当時の私はすんなりとその様子を受け入れていた。

「あれ？　トイレの方に消えちゃった……」

私がそう言った瞬間、母がすごく困った顔をしていたことをハッキリと覚えている。

◆原因不明、治療法も不明

それから、同じことが何日か続いたある日のこと。いよいよ心配になった母は、3歳の私を都内の大病院に連れて行った。恐らく精神科があった病院だったのだろう。生活にも困るほど貧乏だったにもかかわらず、わざわざ病院に連れて行ったのだから、余程不安だったのだと思う。

そこで先生が言った言葉まで覚えているから不思議でならない。

医者「お母さん、なるべく夜にご主人が見ている深夜の東京12チャンネル（今のテレビ東京）でやっている『フランケンシュタイン』だとか、『吸血鬼ドラキュラ』などをお子さんに見せないようにしてください」
母「やはり、そういうのに影響されてしまうのでしょうか？」
医者「これは私の推測なのですが、怖い怖いと思いながらも、そういうホラードラマのような刺激の強い映像を見続けると、ありもしないものがいるように信じ込んでしまう傾向があるのです。環境に影響されやすい純粋な子どもは特に気をつけなければいけません。実際にそんなものがいると信じ込んでしまうと、〝こういう子がいてくれたらいいな〟という妄想で人を作ってしまうのです。そういう心の病が深刻化すると厄介なので、なるべくホラーを見るのは控えていただけたらと思います」

母「それだけで治るものでしょうか？」

医者「いや、それはなんとも言えませんね……。まぁ、そういうものをしばらくの間は見ないようにしてください。それでもお子さんの症状が変わらなければ、また病院にいらしてください」

確かに父は、よく私にホラー映画を見せていた。小さい私が怖がりながらも楽しそうに見る姿が嬉しかったのだろう。当時、イギリスのハマー・フィルム・プロダクションが製作したピーター・カッシング主演の「フランケンシュタイン」シリーズ、それとクリストファー・リー主演の「吸血鬼ドラキュラ」シリーズなどが、夜遅くに東京12チャンネルで流れていて、それを一緒に見ることが日課になっていたのだ。

私は、先生の言葉に非常にがっかりしていた。父と怖い映画をテレビで一緒に見る楽しみを奪うなんてひどすぎると思ったのだ。

そんな私の様子を見かねた父は、神経質になっていた母の目を盗み「今日ぐらいはいいんじゃないか？」とお茶目に言いつつ、1週間に1〜2回はホラー映画を見せてくれた記憶がある。

そもそも、テレビを見ない日が続いていても毎日水場にその赤い女の子がおままごとをしに現れる状況に変化はなかった。だが、心配性の母は、セカンドオピニオンを求めて別の先生に診察させ、挙句の果てには脳神経外科に行って脳波まで測定させたのだった。

これはある程度成長した後に聞いた話だが、なぜ脳波まで測定したのかというと、精神科の先生が「脳波に異常をきたして、そういう異常なものが見えるのではないか」と勧めてきたからだという。だが結局、脳波を測っても何の異常もなく、当時はＭＲＩなどの最新機器もなかったので、そこで診療は終わった。その時の診断は、「脳には電流が流れている。幼児だから、脳が活性化していくなかで起こる電波障害ではないか」というものだった。

「原因不明で治療法も不明」という状況にさらに不安になった母は「丈二が女の子の霊

に遭わないように、別の場所に引っ越したい」と考えるようになり、それが理由でそのアパートから引っ越すことに決まった。

引っ越し当日――。業者の車が先に荷物を運び、父の車に家族が乗り込むその時、はっきりとその子は私に手を振っていた。思わず私も、その子に手を振り返した。すると、車が加速して見えなくなるまで、その子は小さな体で全力で走りながら私に手を振って見送ってくれたのだった。私も、車のリアガラスからその様子を見ながら、必死で彼女に手を振り返した。

母はそんな私を呆れた目で見ながら「何にもないところに手を振ってどうすんの」とブツブツ言っていたが、父はこの時はまだどこか私の話を信じようとしてくれたのかもしれない。運転をしながら、ちらちらとバックミラーを確認していたのは「もしかしたら、丈二が言うように女の子がいるのかもしれない」と思って、見てくれていたのではないだろうか。そして、私たち家族は永福町から少し離れた世田谷区に引っ越したのだった。

1973年　私にしか見えないクラスメイト

世田谷区に引っ越した後も、当然私は不思議なものを見ては、それを追いかけてみたり、誰もいないはずの場所で私だけに見える存在と喋ったりしている子どもだった。それは幼稚園に入っても変わらなかった。周りから見えなくても私には見えているのだから仕方ないという諦めに似た感情すらあった。しかし、小学校に上がった途端、私のこの行動がいじめの対象になってしまったのだ。

でも、どうにもしようがないのである。道路の横断歩道を渡れない幽霊の子どもを見てしまったら、手助けしないわけにはいかない。私が手を引いて渡らせてあげていると、友達は「1人で何をやっているの?」となる。そんな道には必ず花束が添えられていて「ああ、ここで死んだ子がいたんだな」とわかるわけだが、そんなことを友達に言っても誰か信用してくれるわけもなく、いじめはエスカレートし、小学校時代の学校生活はそれはもうつらくて大変な毎日だった。

3年生ぐらいまではずっといじめられていたように思う。私は給食の時もパンを半分残していたのだが、それはお腹が空いて困っている幽霊の子どもがそばにいたからだった。同級生たちから「何でパンを食べないの？」と言われても、「だって食べたがっている子がいるじゃん」としか言えず、困った記憶がある。しかも、その子は給食前の授業中から「お腹空いた。食べ物をちょうだい、ちょうだい」と言ってくるから何かしないわけにもいかない。だから私は「きっと給食の時に出てくるパンを半分ちょうだい」とねだっているんだと思って毎回残していたのであった。その子は、いわゆるランニングいっちょう。それもススだらけの薄汚れた感じで、竹槍を持っていることもあったから、戦時中に亡くなった子どもだったのかもしれない。当時は私もまだ幼かったので、「随分古めかしい格好をしている子だな」と思っただけだったのだが……。その子は授業中は隣、もしくは後ろから話しかけてくるのだが、なぜか給食時になると遠くにいて、下ばかり見ていて私と目も合わせない。パンをあげるにもあげられず、周りのクラスメイトからはただ私の好き嫌いが激しくて給食を残しているんだと誤解されていた。

また、その子と授業中に会話していると、それを見た先生から怒られたこともあった。私としたら、その子は実在しているし、喋りかけてくるから仕方なく応じているだけだ。しかも、その子を無視したら今度はその子からいじめられるのではないかという恐怖もあった。だから、人間と死者の板挟みにあって八方塞がりの状況だったのを覚えている。しかし、担任の先生は「そんな変な行動をするからいじめられても仕方ない」と言って、リアルないじめから私をかばってくれることはなく、むしろ、一緒になっていじめてきたのだった。

◆希望の『エクソシスト』

そんな私にとって、唯一友達だと思えるものがホラー映画だった。それは、見えないものが見えたり、起きるはずのないことが起こったりする〝ぼくの世界〟をそのまま描いたものだった。私は、怖いもの見たさでホラーを見ているのではなく、「自分に近い世界があるんだ」と一生懸命に映画が説明してくれているように思えて、味方だと思ったのである。自分が見ているような世界を作る人がいるんだという安心感から、いつしか自然とホラー映画にのめり込んでいった。

そして私が小学校3年生の夏、映画『エクソシスト』のCMが初めてテレビで流れたのだが、そこから一気に『エクソシスト』ブームが始まり、あらゆるメディアでいかにすごい映画か取り上げられた。すると、私の叔父が『エクソシスト』特集の記事を全部集めてくれたのだった。それを読んだ時の感動は言葉では言い表せない。というのも、幼少期から霊感があった私にとって、『エクソシスト』は自分の存在を全肯定してくれる作品だったからだ。私は原作本も読み込み、いよいよ翌年、映画『エクソシスト』を観に叔父たちと映画館に出向いたのだが、そこには目を剝くほどの長蛇の列ができていた。だから、実際に観ることができたのは、それから半年後で、父が私のためにわざわざ指定席を取って観せてくれたのだった。

1974年　UFO&宇宙人の目撃

私が小学校4年生くらいになった時。やっと父はファッションショーができるような一端（いっぱし）のデザイナーになり、私の家族は父が購入したマンションの5階に住むようになった。その家の私の部屋の窓からは、羽田空港がよく見えたので、そこでぼーっと外を眺めるのが習慣になっていたのだが、ある日、いつものように眺めていると、飛行機とは別の物体が飛んでいた。飛んでは着陸したり、また急発進したり、急に曲がったりするような不思議な飛び方をしていたのを見て「ああ、UFOが飛んでいるな」と漠然と観賞していたその時だった。自分の隣にふわっと白い物体が佇んでいたのだった。

それは、LEDライトを明るくした白い煙のようなモヤッとした光を発していた。最初は幽霊かと思ったのだが、手を出すと触れることができたので、幽霊ではなかった。その時手に当たった感触は、〝ぱんぱんに膨れた風船〟みたいな感触で、プヨッともしていた。そして、その物体の中にひょろひょろとしたヒトのようなものが入っている感じ……そんな得体の知れない存在が、私の隣にいたのだった。

顔もよく見えたので覚えている。**口や鼻はなくて、目だけが存在していた。**しかも、**顔の表情と連動して目が動くのではなくて、目ん玉だけがキョロキョロとカメラのレンズのように辺りを見回す**のだった。その時の私は、「この存在のことを言ったらまた隣の部屋にいる父に『バカ！　頭がおかしいのか』と怒られるな」ということで頭がいっぱいだった。

父はホラー映画好きではあったものの、幽霊や宇宙人などというようなものは絶対に信じないタイプで、私が幼少期の時は理解があったものの、この頃になると「幽霊やUFOを見たというのはやめなさい」と言われるようになった。現在の稽古場を訪れる際も「あいつの幽霊話だけは聞くな！」とスタジオ生たちに言って回るほどなのだ（笑）。

宇宙人といえば、私は二回、至近距離で宇宙人と会ったことがある。一回は、2013年くらいに稽古場で目撃した宇宙人だ。私が洗面所の前にある長椅子に座っていると、人型で真っ白、黒目しかないような小さい目を持っていて、男女の区別もつかないマシュマロみたいな存在が横に腰掛けていることに気づいた。それは、すごく張りがあって、クリオネみたいに中が透けて見えて、手がない生き物だった。幼少期に見たそれと同じだったのだと思う。

率直に言って、「かわいいゆるキャラ」のような見た目なので、嫌な感じはしなかったのだが、不思議だったのは、その時私が身につけていた腕時計の針がグルグルと回り出してしまったことである。だから、磁場が変わっているのかなと思ったのだった。

もう一回は稽古場の窓から見た宇宙人だ。

実は、2015年頃に稽古場の窓枠からはみ出るほどの巨大な顔が覗き込んできて、漫画みたいなキラキラした目がぎょろりと動くところをうちのスタジオ生が目撃してしまい、ひっくり返って失神するという事件が起きていた。

「この稽古場はそんなことまで起きるのか……」と思ったのだが、その後私自身もそれを目撃してしまった。たまたま窓を開けたらそこにお月様のような顔がヌッと出てきたのだ。体は見えないし、とにかく顔がドーンとそこにあり、やや寄り目のギョロッとした二重の目玉が動くのだった。失神したスタジオ生に話したら、特徴が著しく似ていたので同じ存在なのではないだろうか。

あれはもう、幽霊ではなく妖怪や宇宙人の類（たぐい）だと確信している。

ちなみに、そんな宇宙人が現れる時は決まって1人でいる時だった。誰もいない稽古場の空間がフッと変わり、彼らは現れるのだった。

1990年　見えざるものに導かれた運命

小学校3年生になると、父がひ弱な私を見兼ねて鍛えてくれたおかげで、霊感のせいでいじめられることがなくなっていた。父は元々、俳優養成所の授業料を払うために高級クラブのバーテンダーをしていた。そこでは用心棒の役割も求められ、当時そのクラブが持っているジムで、ボクシングのライセンスまで取っていたのだ。それからの私は、どちらかというとヤンチャで親分肌の子どもとしてスクスクと成長していったと思う。

中学時代は野球をやりたかったのだが、吹奏楽部にも興味があり、野球部みたいに坊主にならなくて済むということで吹奏楽部を選び、クラリネットの面白さに没頭した。そして高校1年生の時から、日本クラシック音楽界の草分け的クラリネット奏者である北爪利世氏に師事したのだった。

大学は、プロのクラリネット奏者を夢見て日大の藝術学部・音楽科に進学。だが、部活でアメフト部に入ると部員のほとんどが演劇学科の奴らで、その影響で演劇を知るようになり、いつしか「もし、『エクソシスト』を演劇で表現したらおっかないだろうな……」と夢見るようになったのだった。

そこからは猛スピードで演劇の世界にのめり込んでいった。そして、仲代達矢さんが主宰していた超名門の俳優養成所「無名塾」を受験することに。当時は絶対に入れない狭き門と言われていて、私が受験した時は受験者が８０００人もいたのだが、合格するのは０〜数名のすさまじい倍率だった。当時、入塾費・授業料・施設教材費がすべて無料だったのも人気の理由なのではないかと思う。ダメ元で受験したら、私はなぜか合格したのだった。当時合格したのは５人だけ。倍率１６００倍ということになる。

残念ながら同期には著名人がいないのだが、１期上に若村麻由美さんや田中実さん、後輩には、滝藤賢一や真木よう子がいるような場所だった。そんなところになぜ私なんかが入塾できたのか、仲代さんの奥様で脚本家・演出家の宮崎恭子さんに聞いたことがある。宮崎さんは「丈二を見た時から入れるのを決めていたのよ。クラリネットも吹けるし」と言って笑った。私が「どうして決めたのですか？」と聞いたら「あなた、育てる力があるよね」と。

その時はピンと来なかったがそれからしばらくして、無名塾に籍を置く傍ら、声優事務所ＡのＭ社長から、声優の育成に関わってほしいと声をかけられた。ちょうどＮナレという声優学校を開いたばかりのＭ社長にアイデアを問われ、「声優さんも歌を歌いたいのでは」と提案したところ、CBS・ソニー（今のソニーミュージック）の協力もあり、アイドル的立ち位置の声優が誕生。Nナレから声優アイドルが育ち、Aプロダクションに所属する流れを作ることに成功したのだ。そして、今も育てる側の立場にいるのはご存じの通りだ。

宮崎さんは私の素質を見抜いていたのだと確信している。宮崎さんは不思議な力がある方で、霊的な感性も高く、代表の仲代さんもオーラが半端じゃなかった。この頃はすでにテレビや映画で大活躍していた田中邦衛さんや役所広司さんなどとも交流があり、刺激的な日々を送っていたが、ある時、転機が訪れる。

宮崎さんから唐突に、「あなた、何をやりたいの？」と聞かれたのだ。私は突然問われたにもかかわらず、「オカルトの世界を描きたい」と答えた。すると、宮崎さんは「まさか『エクソシスト』じゃないわよね？」と見透かすように尋ねてくる。私は「『エクソシスト』です。なぜなら幼い時、その映画が一番の私の味方だったからです」と胸の内を明かした。私の思いを聞いた宮崎さんは、ひとこと、こう言ったのだ。「やればいいじゃない。でも、本気でやるなら自分のものにしなさい」と。つまりそれは、「舞台上演権を自分で取れ」ということだった。そこから私は「『エクソシスト』の舞台上演権を絶対に取ってやるんだ」という意志を固めたのである。

声優事務所の仕事がうまくいったことで貯金もたまっていた私は、25歳の時、3年間の無名塾生活を経て、長年の夢である『エクソシスト』の舞台を実現するためにヨコザワ・プロダクションを立ち上げた。

そこから先の道のりは、これまで述べてきた通りだ。幼い頃から霊の存在を自然と受け入れてきた私にとって、役者の道に進んだのも、今のビルに辿りつき稽古場を構えることになったのも、何か見えざるものに導かれたとしか思えないのである。

私自身が彼らを呼び寄せているという見方もあるだろう。演劇ではたくさんの登場人物の人生、そして「死」を扱う。その物語と共鳴してなのか、彼らが出てきやすい環境が整っているとも考えられる。また、役者を目指す人は一般的な職業に就く人と比べると、感受性が強く繊細な人間が多い傾向にあるように思う。それゆえ、通常ならば察知できないことに反応してしまうというのも、出くわしやすいと思われるポイントだ。

幼い頃ほどではないが、自宅で会ってしまうこともある。実際、自死で亡くなった某有名女優の霊が現れたことが、2度もあった。これは娘もはっきりとその姿を目撃している。もちろん憶測でしかないが、生前面識のなかった私の前に彼女が現れたのは、私が稽古場で芸能界の歴史をスタジオ生に教える中で、彼女の自殺について言及したからかもしれない。

少々、自分語りが過ぎた。次の最終章では、改めて稽古場で起こった心霊現象をはじめ、昨今私の身に起こった不思議な体験を紹介していく。

ちなみに、私を突き動かしてきた『エクソシスト』の上演権を手に入れるまでの紆余曲折は、本書の巻末コラムに掲載する。ぜひ、興味のある読者は読んでみてほしい。

著者に直撃！ 心霊コラム④

Q 心霊現象をプラスに捉えることはできる？

A

幽霊（心霊現象）には、金運と対人運が大きく関係しているような気がします。私の人生には節目節目で莫大な資産をもつ大金持ちがキーパーソンとして出現するのですが、なにか見えない力が働いているようにしか思えないんですよね。それ以外の人との出会いもそうです。私は常に人に助けられてここまでやってこられましたが、生きている人間との出会いと、死んだ人間との出会いはどこかで繋がっている気がしてならないのです。私の勝手な解釈ではあるのですが、切り離して考えること自体がナンセンスという思いがあります。

ヨコザワ・プロダクション
30年心霊史

5章 2007～2023年

2007〜2009年　黒焦げの女性と事故

◆H君の恐怖体験

大蛇の一件以来、心霊現象に大きな進展はなかったが、2007年は芸能界のど真ん中で活躍されている方との交流が増え、目覚ましく本業が進展した年だった。芸能レポーターの石川敏男さん、ボイストレーナーの上野直樹さんと一緒に、深夜0時〜2時までのラジオ番組『敏と直樹と丈二のガッツリナイト』がスタートしたのもこの年だ。番組では毎週、ヨコザワプロのスタジオ生が役者を務めるラジオドラマをオンエアしていたのだが、別のスタッフに指導をまかせたことにより、私自身はすっかり稽古場から足が遠のいてしまった。

これまでは夜クラスが終わった後にスタジオ生たちが残って談話していたものの、夜遅くに劇団のラジオ制作部のスタッフがやってきて稽古場で編集作業をするようになったので、自然と大人数でオカルト現象を目撃するという機会も減っていた。

ただし、やはり私の知らぬところで、オカルト現象は起きていたようだ。かつてH君は、忘れられない経験をしたという。

H「横澤さんのラジオ放送の見学に行った帰り、終電がなくなったので稽古場で1人で泊まった日があったじゃないですか。その時は入団してまだ4年目です。1人で泊まるのは初めてのことでした。その時のことが今でも忘れられないんですよ。台風で風が強かった日だったので稽古場でもバンバン音がしてたんです。なんか嫌だな……と思いつつ、仮眠をとっていたら、クーラーの位置あたりからまっすぐに僕をめがけて白い手が3メートルほど伸びてきたんです。その手は顔の真ん前まで来たのですが、ものすごく大きくて、頭全体を摑めるほどでした。あまりにも怖かったので這って逃げたんですよ」

おそらく、私が稽古場にいない間も、白い手はバンバン出ていたのだろうと思わせる報告だった。

また、H君からは別の報告もあった。彼がラジオドラマの音声担当をしていた時のこと。その脚本には登場人物がブランコについて語るシーンがあったが、特にブランコ音を入れる指示はなかった。にもかかわらず、収録中、ヘッドフォンからは、「キコキコ」という音が……。てっきり誰かのいたずらだと思ったH君は、「静かにしろ！」と声を荒らげたという。しかし、まわりを注意しても、どうしてもブランコ音が聞こえてしまう。データ上では人の声しか入っておらず、ブランコ音の波形も出てこないのに、だ。何度聞いてもブランコ音はなくならず、編集にてこずったとのことだった。ちなみに、H君はうちのスタジオ生の中でも最も冷静で大人しいタイプで、今でも劇団を率いてくれている信頼できる役者の1人だ。誤解なきよう記しておこう。

◆黒焦げの女性を引き連れて

自分の稽古場から足が遠のいてしまった私にも、忘れられない恐怖体験がある。都内のスタジオを訪れた時のこと。以前からそこのスタジオにはいわくつきの部屋があると噂されていた。その部屋を背景に写真を撮ったアナウンサーに次々と不幸が襲い掛かったり、そこで撮影した男性の人生が明らかに狂っていったりという話を聞いてはいたが、確かに普段からあまりよくない〝気〟がたちこめていた。

ある時、そのスタジオから自分の車で帰る際に「あれ？　車の中で変な臭いがするぞ」と思って後ろを振り返ると、**後部座席に和服姿の黒焦げの女性が乗っていた**のである。女性は私の家の近くまで乗っていたと思うが、気がつくと消えていた。しかもそれは1回で終わらなかった。そのスタジオに行くとよく私の車に乗り込んでくるようになってしまったのである。当時私はかなり値の張る高級車に乗っていたので、気に入られてしまったのだろうか。だが、その女性が乗った日は、危険な目に遭うことが増えてしまったのだ。急にブレーキが利かなくなったり、バイクが突っ込んできたり、どこかにぶつかりそうになったり……。「もう勘弁してくれよ」と思っていた頃のことである。

スタジオから帰る時、その女性が乗車してきた。そしていつも通り運転していると、**夜中の2時過ぎに目の前に小さな男の子のような影が急に飛び出してきた**のだ。「危ないっ！」と思って、慌ててハンドルを切ったのだが、ガードレールに突っ込んでしまった。高級車は木っ端微塵。警察にも丸一晩拘束されて事情聴取を受ける羽目になってしまったのだった。しかも、私があまりにも慌ててハンドルを切ってガードレールに当たったという事実から「本当は人をひいたんじゃないか」と疑われる始末……。本当に大変な一夜だったのだが、それ以降、黒焦げの女性は車に乗り込まなくなったのである。

けれども後日、たまたま寄った稽古場でスタジオ生たちと百物語をやっていた時（相変わらず心霊が大好きな私ですね）。スタジオ生の1人がトイレのドアの前あたりを指差して「出た出たー、焦げている和服の女がいる」と騒ぎ始めたのだ。驚いてそこを見ると、あの車の中の女が立っていたのだった。おそらく私が連れてきてしまったのだろう。

後にわかった話なのだが、そのスタジオのいわくつきの部屋では、かつて大規模な火災が起きて、数名が部屋から出られずに亡くなっていたそうだ。黒い女性がその被害者なのかはわからないが、不気味な共通点だと思っている。

◆水浸しの被害と白い手

黒焦げの女性の例のように「幽霊が出る」と噂される土地や場所は、やはりそのスポットが持つ過去の記憶と何かしらリンクしていることが多いのではないだろうか。本書の冒頭で、三軒茶屋の持つ歴史、稽古場の入っているビルが建つ前の背景について触れたが、この時期、心霊現象を目の当たりにしていたのは、どうやら我々だけではなかったようだ。

かつて隣のビルに、全国展開している有名なお菓子屋が入っていた。その店は日本一の売り上げを出していたにもかかわらず、ある時、急に撤退したのだ。怪談蒐集家で作家の木原浩勝氏が店長に話を聞いたところによると、「夜になってレジの集計をしていると、白い手が自分の手に乗っかってくる」というクレームがアルバイトから絶えなかったのだという。その噂が広まり、社員たちが三軒茶屋店には行きたくないとゴネたことが、撤退理由の一つだったらしい。

また、稽古場のあるビルの1階には以前、某コンビニエンスストアが入っていて駅近ということもありそこそこ賑わっていたのだが、謎の撤退をしている。管理会社は「漏電により撤退した」と言っていたが、同じビルに稽古場を構える身としては、漏電だとしたら大変だ。きちんと理由を質(ただ)しておきたくて「本当に漏電なのですか？」と聞いてみると、「実は水漏れです」と、答えを改めたのだ。どうやら床が謎の水浸しになって撤退したという。漏電も怖いが、もともとこのビルの下には井戸があったのだから、水漏れの方がまだ納得できる。

ちなみに、コンビニの店長とアルバイトらしき人物の会話を聞いたことがある。店長が「困ったね〜」と言うと隣にいた子が「白い手ですよね」と話していた。思わず「うちの稽古場にもさ〜」と会話に入りたかったが、さすがにそれはできなかった。

2010年　立ち退きと死人

私の稽古場が入ったビルを外から見たことがある人は、老朽化がにじみ出た外観から、幽霊が出てもおかしくないと思うかもしれない。しかし、一見小ぎれいな近代的なビルだからといって、安心とはいかないだろう。

三軒茶屋の有名な某ビル一帯が、もとはお墓だったことをご存じだろうか。それを横に退けてビルを建てたからか、あの立地条件のよさからは想像ができないほど、これまで多くの店が潰れていった。某社が総力をかけて街づくりのための開発をしたことでなんとか盛り上げて今の形に至ったが、建設の際にはビルの地下を霊道と見る人もいたらしく、神棚を置く位置で議論になったという。

その後の転機は、1995年あたりに行われたX社による土地開発だ。実は、私の稽古場の入ったビルも、かつて再開発の対象だった。当時、X社の担当から「ここを買い取るので出ていってほしい」と言われ、「じゃあ出ていきますから、その代わりレッスンスタジオを別の場所に確保してほしい」と申し出ていた。しかし、その半年後、突然その担当者が「買い取りを中止した」と連絡をよこしたのだ。私が事情を聞くと、神妙にこう口を開いた。

「……**立ち退かせようとすると関係者に死者が出るんです**」

私のように、すんなり出ていくことを了承する人ばかりでもなかったのだろう。立ち退きとなると、いわゆる反社会系の人が絡みつつ、地上げをかけていくこともあるわけだが、その担当者がのきなみ死んでいくというのだ。それも決まって、突然死。さすがに「これはいったん止めた方がいいだろう」と判断され、中止となったという。それも、未開発のまま放置することが決まったらしい。

しかし、やはり三軒茶屋駅から徒歩2分の立地である。2010年くらいだったろうか。いかにもヤクザといった風体の男が突然稽古場にやってきて「みかじめ料を払え」と言ってきたことがあった。レッスン中だった私はすぐにビルの下までその男を連れていき、「お前、何が目的なんだ?」と突っかかってみると、その男は某有名指定暴力団の幹部で、「ここの売買を命じられている」とのこと。いわゆる立ち退き交渉人が直接私の稽古場まで来たのだ。私はこれまでに何人もの立ち退き屋が死んでいることを知っていたので、「お前、やんちゃしていてもいいけれど、あんまりここにへばりつくとやられるぞ」と一応警告をしたのだった。その男、どうなったか。1年もたたないうちに死んでしまった。

そしてそれからまた、パタッと立ち退きの話がなくなり、今も未開発のままである。

◆近隣怪奇ファイル

別の周辺でも〝噂〟は多々ある。稽古場近くには国道246号があり、そこを駒沢方面に車で1分ほど進むと、世田谷観音通りと交わる交差点と世田谷郵便局がある。その世田谷郵便局前の交差点付近から世田谷観音あたりにかけて「霊が出る」というのだ。

2007年、超有名アイドルのM・Aさんが、深夜タクシーに友人らと乗って世田谷郵便局あたりで信号待ちをしていると、前方に何かが浮かんでいる様子を発見した。M・Aさんが「何か浮かんでるよね？　ゴミかな？」と友人に聞くと、友人も運転手も「確かに何かが浮かんでいる」という。青になって車が走り出すと、人間の手だと判明。タクシーがそのまま直進すると、手首はフロントガラスを擦り抜けて友人の肩に当たり、そのまま擦り抜けて後方へ飛んでいったという話を有名TV番組でしている。

この話を教えてくれたオカルトメディア『TOCANA』の元編集長・角由紀子（すみゆきこ）さんの調べによると、当時太子堂あたりにあったSというバーにも、しょっちゅう「手の幽霊が出る」といった噂があったらしい。

多くの霊と出くわしている身からすると、事故で亡くなった霊が、車が怖くてその場所から移動できないから助けてほしいと訴えかけてきたことや、家に帰りたいのに道がわからないと言ってすがりつかれたこともあった。単純に構ってほしい場合もあるが、全体としては「家に帰りたい」というメッセージを送ってくる霊が多いように思う。しかし、何かしら土地に因果関係があると思う一方で、近頃は理由がなくても〝出るものは出る〟という気もしている。世の中には「ここの場所で死者が出たから心霊現象が起きる」という心霊スポットがたくさんあるが、このビルも稽古場も事故物件ではない。歴史的に出やすい要素はあるがこのエリア内でなぜかうちの稽古場だけやたらと出てしまう。この偏りは、どうやっても説明がつかないのだ。

幽霊よりも、実際にある裏社会の方が怖いということも挙げられるだろう。三茶の飲食店街周辺には、新宿の歌舞伎町がそうであるように、わけのわからない闇の団体が仕切っている店も多い。そのせいで、警察のガサ入れがあり、実際に検挙されてしまう店も少なくない。そんな混沌とした場所だから幽霊も出てきてしまうのだろうか。それとも、元々幽霊がいて混沌としているからこそ飲み屋街として栄えるのだろうか。鶏が先か卵が先かはわからないが、唯一言えるのは、この周辺はとても活気のある場所で、善悪入り乱れた魅力的なエリアであるということだ。

2020年　心霊映像記録をメディアへ公表

「どうやらあそこは出るらしい」という噂が三茶界隈に流れ出してから、実は個人的には、稽古場では新たに印象に残るほどの心霊現象に遭遇していない。それは、2013年から2017年に至るまで、年間2本のペースで映画製作をすることが決定したため、ラジオの脚本に加え、映画の脚本にも取り掛かっており、ほとんど休む間もなく働いていたからだろう。私生活では子どもの世話にも追われていたため、オカルト現象が起きていても気に留める余裕がなかったのかもしれない。心霊現象の進歩はなかったものの、劇団としては活躍の場が大きく拡大したことで、知り合う人の幅も広くなった。

そんな中、2020年、大きな転機が訪れる。知り合いのラジオ番組のディレクターから「横澤さんのところ、幽霊出ると聞いたのですが、ちょっと今度怪談系のラジオに出ていただけませんか?」と誘われたのだ。それが、現代百物語『新耳袋』を著した怪談蒐集家の木原浩勝氏との出会いだった。それまで私は表舞台で怪談話をしたことはなかったのだが「稽古場のことを聞かせてよ」と頼まれ、別に隠すつもりもなかったので、ラジオ番組『怪談ラヂオ〜怖い水曜日』にゲストとして出演したのだ（ラジオ関西／1月17日収録、29日放送・2023年2月現在も番組アーカイブで聴取可）。そして、これまでの体験や稽古場で起きる怪奇現象について何気なく話をしたのだった。私は、自分の稽古場で起きることが特別なことだとは思っておらず「世の中にはたくさんの心霊スポットと呼ばれる場所があるから、うちの現象なんて取るに足らないだろう」と思っていたので、木原さんを楽しませてあげられなくて申し訳ないような気持ちでいっぱいだったのだが、彼のリアクションは想像以上に大きいものだった。木原さんは興奮しながら聞いてきた。

「横澤さん、今のあなたの話が真実ならば、とんでもないことです。何か写真や映像などあるのですか？」

私は、「はい、ほとんど処分してしまったのですが、残っているものもいくつかありますよ」と答えた。

木原さんいわく、「うちに幽霊が出るのです」という話をする人はごまんといるそうだが、「証拠はあるのか？」と聞くと、九分九厘「証拠はない」とか「昔は映像があったけど今はない」「気持ち悪いから処分した」という話がほとんどで大きな収穫があることは稀だそうだ。それゆえ、私が「ありますよ」と答えたことにまず大変驚いていたように思う。

後日、彼に稽古場に来ていただき、「一人肝試し」を撮影したVHSのビデオ映像を見せるとまた驚愕して「すごいですよ！　すごいですよ！」と何度も絶叫していたのを覚えている。私もまさか50年以上怪談を探し求めて活動しているプロの研究家がこんなに驚いてくれるとは思ってもいなかったので、少し誇らしいような気になっていた。それからというもの、木原さんとの親交が始まり、徐々にこの稽古場が心霊スポットとして世間に認知されていくようになるのである。もっとも、木原さんによると私の稽古場は〝日本怪談遺産〟と呼ぶべき稀有で貴重な場所らしい。

◆黄色いレインコートの女性が撮影される

木原さんから「定点カメラを置いて映像を残しませんか？　少しでも定点実験がしたいのです」と提案を受けてカメラを置いて稽古場を撮影し始めたのもこの頃である。木原さんから褒められて調子に乗った私は「もっと撮りたい！」と思って、何日間か誰もいない夜の稽古場にカメラを置いてみたのだった。そこで撮影されたのが、入居早々に見た黄色いレインコートおばさんだったのだ。おばさんは通路からコポコポコポという音を立てて床からニュルッと出現し、トイレの方に向かって歩く途中でくるりとカメラの方を振り向き、ドロドロに溶けたような顔とその奥で光る目を見せた後、トイレのドアの前にすうっと動いて行き、やがて黒い〝影〟だけになって消えていったのだった（※36〜37ページ掲載の、レインコートの女の写真）。

◆生放送中に鏡から水

２０２０年8月と9月には、木原浩勝さんのニコニコ生放送チャンネル『件ちゃん暗殺計画（仮）』に出演させていただくことになった。木原さんの提案で稽古場から配信をすることになったのだが、巻頭で紹介した写真のように、**配信中に鏡から水が出たり、女の声が入ったり、鈴の音がしたり**と怪異現象がたくさん起きて、視聴者の反響も大きかったのは嬉しかった。何より、鏡から水が出たのは25年以上この場所を使っていたにもかかわらずこの時が初めてだったのでとても驚いたし、「まだまだ心霊現象は出尽くしていない」ということが知れて嬉しかった年でもあった。なお、木原さんからは「生配信によってこれほどの怪異現象の数々が一度に撮影できたのは、世界初かもしれません。少なくとも日本初のことだと思います」という大賛辞をいただいたのだった。

2021年　初の映画化とパラレルワールド出現

　2021年にはこれまで撮影し続けてきた数々の定点映像を元に、木原さんがキングレコードの山口幸彦プロデューサーを説得して、初めてヨコザワ・プロダクションがドキュメンタリー映画に取り上げられることになった。それが佐藤周監督作『怪談新耳袋Gメン　ラスト・ツアー』（キングレコード）だ。この映画に「100％幽霊が出る場所」という名目でうちの稽古場が登場することになった。しかし、困ったことに撮影前から映画の宣伝が始まってしまっており、「100％幽霊が出る」と言っておきながら、撮れない可能性も残されていたのだった。しかも、撮影するチャンスは1日だけ。夜の8時頃に集合して、朝の5時くらいまでぶっ通しでの撮影だった。さすがの私も「撮れなかったらどうしよう。100％と言って宣伝している木原さんや映画の関係者の方々に申し訳ない」とドキドキしていたのだが、鏡から出る水、鈴の音、幽霊の声、（小さい）白い手などが映ってくれたので一応の役割は果たせて安心した。

　稽古場を撮影した製作チームのトップを務める後藤さんは、三軒茶屋で心霊現象の撮影があると聞いた時から、あのビルならいけるかもしれないと思っていたそうだ。実は後藤さんがよく通っていたキャバクラが同じビルの2階に入っていて、そこの店長から「ウチにしょっちゅう幽霊が出る」と聞いていたからだ。しかも、このキャバクラがある2階はなぜかエレベーターが止まらない設定になっている。店長いわく、かつて2階で働いていた水商売の女性が、エレベーターで幽霊を目撃して失神したからだという。

また、この本の執筆を手伝ってくれた角由紀子さんと初めて出会ったのも、この現場だ。『新耳袋Gメン』に出演した彼女は、稽古場で目の当たりにした心霊現象の数々に大興奮。これを機に彼女と私は親交を深め、のちに角さんの提案でしばらく封印していた禁断の企画を行うのだが、これがとんでもないことを引き起こしてしまうのだった（これについては183ページで述べる）。

キングレコードのプロデューサーや、映像制作会社の社長らが心霊現象の噂について検証した映画『怪談新耳袋Gメン ラスト・ツアー』。
DVD 販売元：キングレコード
監督：佐藤周（『シオリノインム』）
協力：木原浩勝、中山市朗
出演：後藤剛（シャイカー社長）、佐藤周（映画監督）、今宮健太、はち（日本人形）、山口幸彦（キングレコード）、角由紀子、村上賢司(映画監督)、木原浩勝

これまで撮影してきた自社の映画作品をオカルト目線でチェックするようになったのもこの年くらいからだった。

◆謎の巨人

長年怪異を探している木原さんと出会うまで、私は「この稽古場ではたくさん現象が起きるけれども、『奇跡体験！アンビリバボー』（人気を博したオカルト番組）に出てくる幽霊の方が怖いし、大した心霊スポットではない」と考えていたのだが、あまりにもすごいすごいと褒められるので、ひょっとすると本当にすごいのかもしれないと思い始めたのだった。そして「映像や写真は処分しないで残した方がいいよ」とアドバイスもいただいたので、撮影した映像や写真を今まで以上に慎重にチェックするようになった。

すると、２０２１年に撮影した映画『炭鉱町ブルース（仮）』のワンシーンに、**高さから して2～3メートル級の巨人らしき人物が映っていた**のである！　顔は見えないのだが、巨大な手を上から下に振り下ろすその瞬間が撮れていたのだ。今まで長く伸びる白い手は見てきたが、しっかりと肩あたりまで見えたことはなかったので大変驚いたのだった。

〈映画『炭鉱町ブルース（仮）』の問題のシーン〉

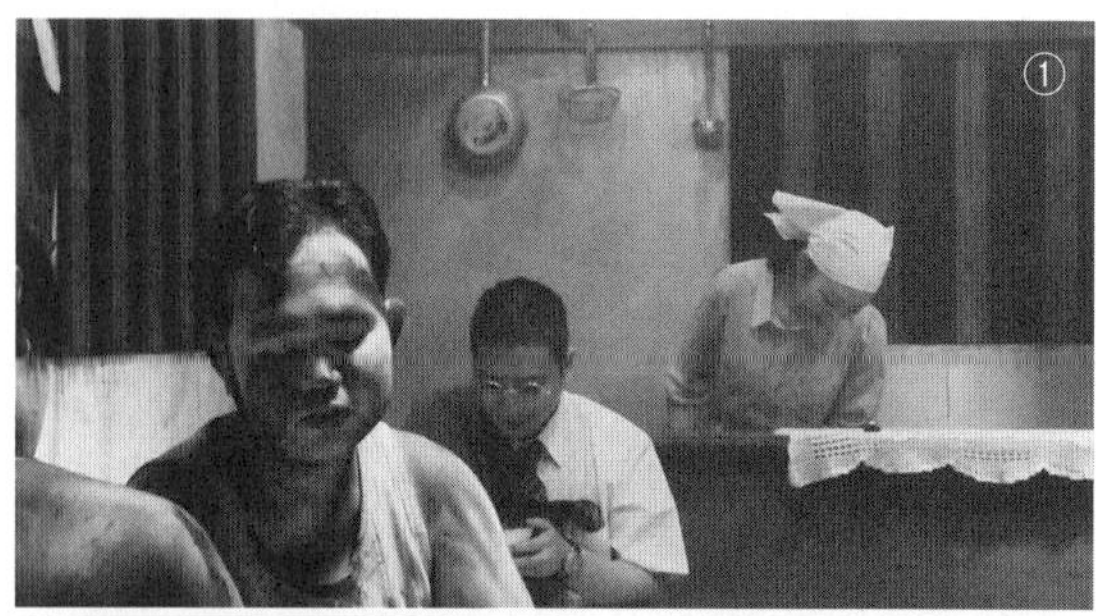

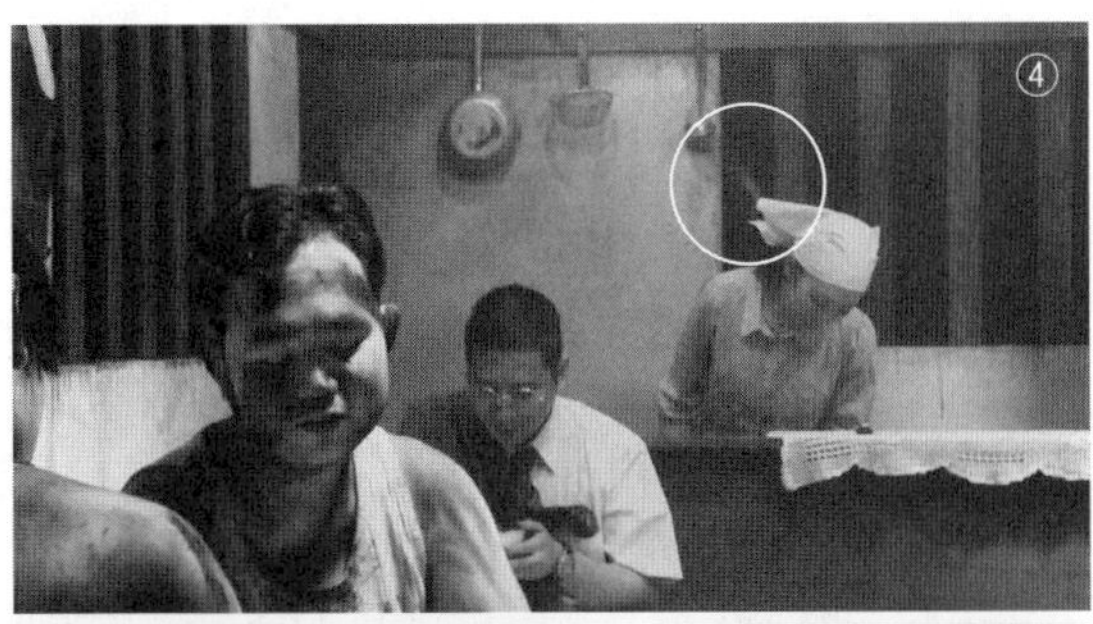

マルで囲んだ奥に、偶然映り込んでしまった巨大な手が見える。撮影時にはだれも気がつかず、編集中に発覚した。手は、①から順に見ていくと、段々下がっているように見える。

実はこの作品を撮る前、劇団の皆と北海道にロケハンしに行った時に奇妙なものを目撃していた。例のH君と2人で森の近くを軽トラックで走っていた時のこと。なにやら巨大な黒い物体が目に入った。最初はただの大きな木かと思ったのだが、やたらと黒いし大きすぎる。あまりにも異様だったため、車を止めてハイビームにすると、軽く50メートルは超える影がウネウネと歩き出して二足歩行のように歩いているではないか！明らかに、人間を凌駕しているなんらかの存在に恐怖を抱き、2人で「うわあああ！」と叫んで、逃げるようにその場を去った。

ちなみに『炭鉱町ブルース（仮）』は、火災事故やガスの爆発事故で多くの人々が亡くなった三菱南大夕張炭鉱で働く人々をテーマに撮った映画だ。撮影前、事故のあった現場に実際に立っていると、胸が打ち砕かれるような痛みが走った。

北海道の炭鉱では1981年に、北炭夕張新炭鉱ガス突出事故も起こっている。この事故は閉じ込められた作業員に対し、当時の社長が断腸の思いで決断。「お命頂戴いたします」と作業員の家族に言ったのち、生存者がいる中の炭鉱へと水を流し込み、93名が亡くなるという悲惨な事故が起きていた。このように、炭鉱ではたくさんの人々が無念の死を遂げている。

そんな彼らの心の声が風に乗り、私の胸に突き刺すような痛みを与えたのだろう。絶対に彼らの死を後世に残したいと思ったし、突然命を奪われるといった、どうすることもできない怒りや寂寥感を作品で伝えていきたいと思った。だからこそ、撮影当時は心霊現象のことは頭になく、後から見たら偶然にも映り込んでいたので驚いたのだ。今でもH君とは「あれはいったいなんだったのだろう」と話をするが、答えは出ない。

◆突如できた穴

２０２１年には、映画の宣伝なども含めて木原さんとイベントや生放送を何度も行った。そんなあるニコ生放送中でのことである。その時は角さんも出演していたのだが、何人かで怖い話をしていたら急に稽古場がガタガタと唸り始め、「きたぞきたぞ！」とみんなで待ち構えていると、木原さんが「おい！」と大声を出して前方を指差した。なんとその先でホワイトボードが左右に揺れ始めているではないか！　しかも、その揺れはどんどん大きくなっていく。と、その時、**壁にかけていた大きくて丸い掛け時計がこちらに向かって2メートルくらい吹っ飛んできた**のだ。

時計が飛んだのは初めてだったので、驚いて拾いに行くと、時計の表面についていたガラスカバーがなくなっていて、時計の針が丸出しの状態になっていたのだった。出演者全員で周辺を捜したのだが、いくら捜しても見つからない。どうやら消えてしまったようだった。誰が言い出したのかはわからないが、「別の時空に行ったのではないか」という仮説が一番しっくりくるような、そんな消え方だった。ちなみに、消えたガラスカバーは今も見つかっていない。

よく揺れるホワイトボードと、上に掛けている時計。
この時計が、吹っ飛んできたのだった。

このように、うらはしょっちゅう物がなくなり、さんざん捜しても出てこないことがよくあるのだ。2階のキャバクラでも、他の地域の店に比べて物がなくなることが多いと聞く。1度だけ、こんなことがあった。夜、稽古場の倉庫の壁が突然、くりぬかれたように、パカッと穴が開いたのだ。唖然としながら近寄ると、穴の奥にはどうやらヨーロッパの空港らしき光景が広がっている。倉庫から見えた景色は太陽が燦々と輝く真っ昼間。私がぼーっとその光景を見ていると、向こうから金髪の女性が覗いてきて、私の姿を見て「キャー」と叫んだ。その瞬間、目の前にあった穴がなくなり、普段見慣れた倉庫の壁に戻ったのである。しばらくは久々に度肝を抜かれる強烈な体験に驚くばかりだったが、この一件以来、うちの稽古場には時空のトンネルのようなものがあるのではないかと考えるようになった。あれ以来、穴が突然開く現象に遭遇したことはないが、異次元、パラレルワールドの存在を強く意識した出来事だった。

◆幽霊と会話

さらに、この2021年のニコ生の撮影では木原さんが照明を利用して幽霊と会話していたのが印象に残った。〝はい〟なら「点滅2回」、〝いいえ〟なら「点滅1回」で返事をしてほしいと言うと、そのとおりに点滅するのだった。確かこの時は「今、あなたたちは我々の撮影に怒っていますか？」というようなことも聞いたような気がする。その時は1回点滅。つまり「いいえ」で、「では楽しいのですか？」と聞くと2回点滅。つまり「はい」と答えたのだった。この世ならざる者と会話をすることもできるんだ……と感慨深いものがあった。さらにこの時、出演者や撮影スタッフ全員で〝白い手〟が出現するところを4〜5回も目撃しており、そのいくつかは配信映像にも捉えられていた衝撃の回であった。

ニコ生の放送が始まってからもう一つ気がついたことがある。それは、現場では聞こえない、うなずくような声や鈴の音が視聴者にだけ聞こえるということだ。視聴者から「映像スタッフにもマイクがついているのですか？」とコメントが入っていたが、スタッフは原則喋らないことになっているので、マイクすらつけていないし、実際喋ってもいない。一体どういう原理でそうなるのかまったく不明なのだが、配信を通じて様々な霊現象が共有できるということもわかった。幽霊は電波に干渉する存在なのだろうか……？

２０２２年　YouTube怪奇録

２０２２年になると、角さんの紹介で芸人・デニスさんのYouTubeチャンネル『デニスの怖いYouTube』で取り上げてもらえることになった。有名な芸人さんのYouTubeが撮影に来るのは初めてだったので、これまた「何も起きなかったらどうしよう」と不安になったのだが、しっかりといつも通りの現象が起きてくれ、デニスさんも楽しんでくれたようだった。また、チャンネルのプロデューサーである千葉さんが本当にオカルトが好きな方で純粋に稽古場に興味をもってくれたのも嬉しかった。

しかし、２００４年のピーク時に比べると「白い手」の出現回数はわずかに減少しているのだった。先の映画『新耳袋Ｇメン』で撮影された白い手も、かすかに見える程度のもので、これまで私が見てきたような巨大な手は出現してくれなかったのだ。『デニスの怖いYouTube』でも、鏡の前から手が出てくる映像は撮れていたのだが、撮影者や編集者も気づかないほどのわずかなもので、視聴者からの指摘でやっと判明したレベルだった。だから、出入りする人間や時間の流れとともに霊現象のダイナミズムも変化するのだと痛感した。

ただし2022年、角さんが出演したとあるタレントさんのYouTubeで撮影を担当していたスタッフが、このビルに入っているマッサージ屋に行き、心霊体験をしていたことを番組中に告白している。マッサージをしている手が1本多かったので「もう1人いるのですか？」と聞くと、誰もいなかったそうだ。

◆2度目のコックリさんと天井崩壊

1994年に降霊術の「スクエア」を行って、鏡の中に突っ込んでいく少年を目撃して以来、稽古場での降霊術は禁止していた。それほど、私にとっては怖い体験だったのだ。しかし、角さんが「どうしても自分のYouTubeでコックリさんをさせてほしい」と言うので、渋々「わかりました。でも、私がいる時にやってください」と条件を伝え、角さんのYouTube『角由紀子のヤバい帝国』でコックリさんを実行することになった。

いざコックリさんを始めると、すぐにスルスルとプレート（一般的には10円玉だが、この時は角さんが持参した〝悪魔の召喚プレート〟と呼ばれる丸い板を使った）が動き出した。そして「今、この稽古場に何人の幽霊がいるのか？」と尋ねると「9人いる」という答えが返ってきたのだった。

さらに、見学していた私が「どこにいるの？」と質問すると、急に稽古場の空気がぎゅううううと圧迫されたようなものに変わり、次の瞬間、**天井のレールがガタンッと激しい音を立てて落ちてきてしまった**のだった。

これ以上コックリさんをしていたら稽古場だけでなくビルが崩壊する可能性もあると感じた私たちは、すぐにコックリさんにお帰りいただき、半ば強制的にコックリさんを終了したのだった。後から検証してわかったことだが、コックリさんの最中に「コトコトッ」と何かが落ちる音がしたので、音の元を皆で探していると、鉄に付けていた強力マグネットが吹っ飛んで落ちていたことがわかった。このマグネットは大人でも相当な力を入れないと取れない代物だ。これが2～3個吹っ飛んでしまったということは、幽霊は本気を出せばかなりのエネルギーを出力できるということになる。

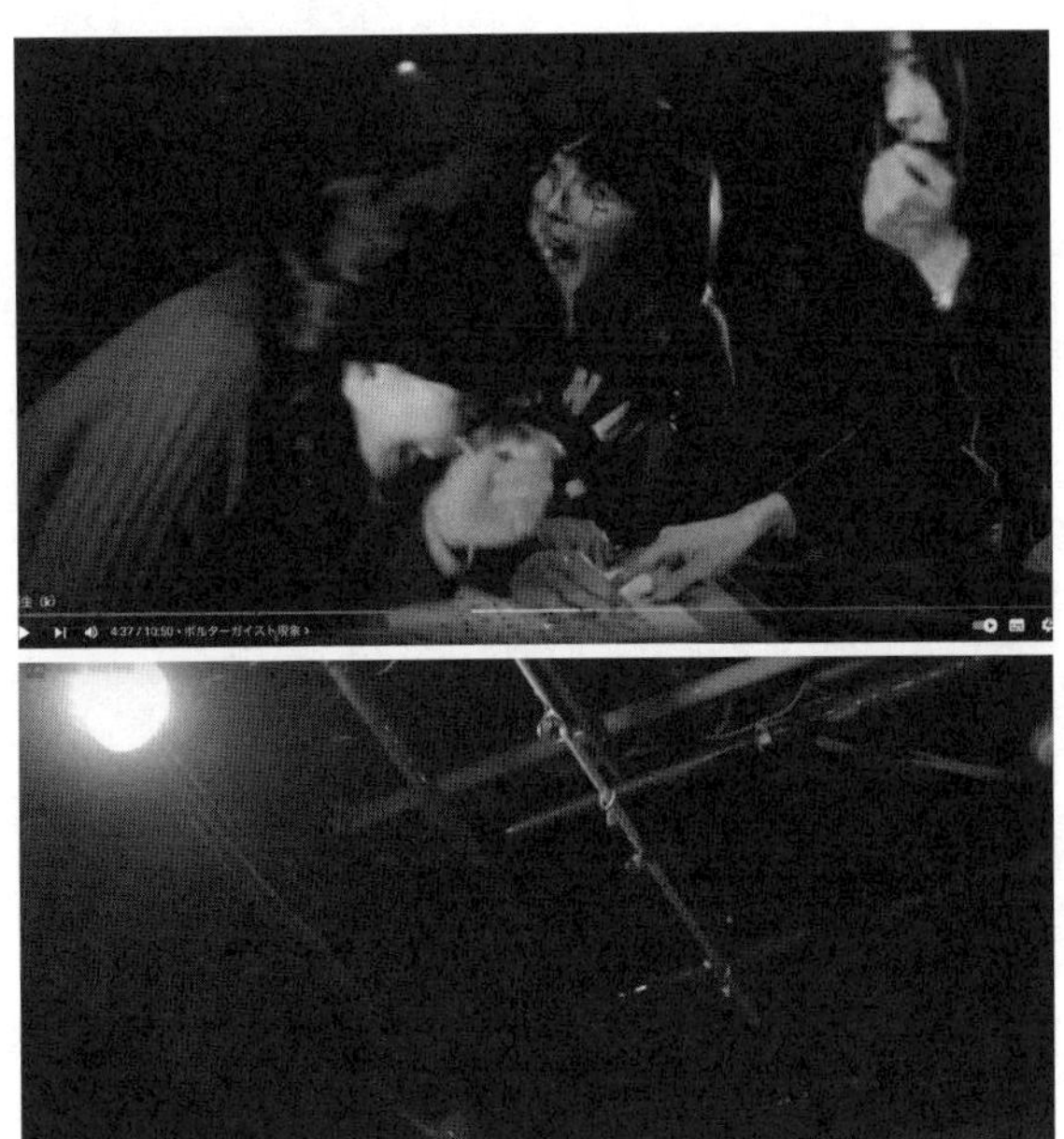

YouTube『角由紀子のヤバい帝国』で撮影されたコックリさん映像で、
天井のレールが落ちてきた瞬間と、直後の天井のレールの様子。

このように、最近は稽古場で起こる不思議な現象が〝やや攻撃的〟になってきているように思う。検証にあたっているタレントさんに「死んで」というような言葉を放つ現象は、過去を遡っても起こったことがなかったが、彼らはYouTube撮影に訪れたデニスさんにも角さんにも「死ね」と発している。また、ポルターガイストに関しても、以前は物が落下したり、少し移動したりするくらいだったが、メディアに出始めてからは落下するどころか飛んでくるようになり、物の移動距離も伸びている。検証撮影に来る方には「こういう現象はよくあることだ」と内心強がって言っているものの、徐々に攻撃的な現象に変化していることに少し恐怖を覚えているのも事実だ。今回のコックリさんでも、ビルが崩壊するかもしれないという不安は大げさかと思ったが、昨今の現象を見ると、やはりそれくらい慎重にならないと危険だと再認識したのだった。

2023年　心霊検証映画『三茶のポルターガイスト』公開

2022年の中頃、ついにうちの稽古場を舞台とした映画『三茶のポルターガイスト』が2023年に公開されることが決まった。この撮影は2022年の秋に行われたのだが、実はちょうど稽古場の心霊現象が激減していた時期だった。近頃、やや攻撃的になっていた幽霊もメディア出演が多くて疲れがたまってきていたのか、お香の匂いすらしない日が続いていたので「ああ、もうこの稽古場は終わってしまったのかもしれない。映画の企画もあるのにタイミングが悪いな……」と私は寂しい気持ちになっていた。だから、映画の製作にあたって監督から「すごいものが撮りたいんだ」と告げられた時は「いや、もう無理ですから……」と内心弱気になっていた。

まったく期待はできなかったが、監督からお願いされ、5日間連続で定点カメラを仕掛けた。不安は的中し、何も撮れない日々が続き「やっぱり普通の稽古場になってしまった」と諦めかけた最後。**ついに、ついに私もおったまげる程のものすごい映像が撮れてしまったのである！**

何が撮れたのかはぜひ映画で確認してほしいのだが、私は

〝彼〟とまた逢うことができてとても嬉しかったとだけ書いておこう。

さらに、この映画を製作する上で何度もコックリさんを繰り返し、幽霊と会話をするうちにわかったことも多々あった。たまにうちを通りすがる霊は数え切れない程いるが、現在スタメンで稽古場にいるのは10人弱くらいとのこと。そして、そのものたちの〝存在〟の多くは、やはり一度死んだ人間が多数を占める。なかでも、子どもの霊が多いそうだ。そして、それぞれの霊がもつスペックによって起きる現象が変わってくるということもわかった。これに関しても「映画の検証を見てください」としか書けないのが申し訳ないところである。

また、今回の撮影を機に、新たな野望も芽生えた。それは、コックリさんを通じて霊と会話をすることで、死後の世界や異世界について霊の目線で解明していくことができるのではないかということだ。もちろん、今生きている世界の成り立ちや地球のすべてを知っているわけではないので、あくまでも、うちの稽古場にいる幽霊の視点での話となってしまうが、何かまだ公表されていない新たな真実がわかるのではないかとドキドキしているのである。

著者に直撃！心霊コラム⑤

Q 最新の稽古場心霊エピソードは？

A

この本の進行も佳境に入ろうかという2022年の年末。12月29日に長女がコロナに感染し、治りかけた時に続けて妻が発症し、入院にまで至ってしまいました。その後、今度は次女がインフルエンザにかかり、介抱していた私は感染しない自信があったものの、結局はもらってしまうことに。実はこの家庭内感染、振り返ると〝予言〟されていたような気がしてなりません。というのも、2022年末、ビルのエレベーターの中で、子どもなのか大人なのか男女の区別もつかないような声で、後ろから「しょうがないよ」と3、4回ほど喋りかけられることがあったのです。おそらくこれは、のちにかかってしまう、

〝家庭内感染になっても「しょうがないよ」〟という意味だったのではないかと思いました。実はこれには後日談もあるのです。年明け早々に、本書の担当編集者がビルの外観撮影に訪れたところ、朝9時で誰もそばを通っていないにもかかわらず、同じように男女とも大人とも子どもとも言えない声で、ふと「しょうがないよ」という声をキャッチしたと！　オーバーラップする心霊現象にお互い沸き立ちました。できればもっと前向きな言葉を言ってもらいたいものですけどね……。

特別企画①

『エクソシスト』原作者
ウィリアム・ピーター・ブラッティ氏との出会い

霊感を持つがゆえにイジメに遭った幼少期。毎日学校に行くのもつらくていつもうなだれていた私を救ってくれたのが、小学校3年生の時に初めて出会った小説の『エクソシスト』だった。映画公開前、コミック誌に掲載されていた宣伝に興味を惹かれ、本を手にとったのだ。そして大人になり、演劇の世界に入ってからも当時の感動を忘れられずにいた私は「いつか日本で『エクソシスト』を舞台で表現したい」と想い続けていた。そんな永年の夢が実現したのが、2001年9月だった。

実は、1995年から私は『エクソシスト』原作者のウィリアム・ピーター・ブラッティ氏になんとか上演許可をもらいたくて自宅に毎月手紙を書いて送り続けていた。最初は返事など全く返ってこなかったのだが、しばらく一方的に送り続けた結果、奇跡が起きた。

「物語だけ小説に沿ってくれれば、日本側の出版社がオッケーなら上演してもいい」

なんと、ブラッティ氏から上演許可の返事が届いたのだ。だが、そもそも私は許可と同時に上演権を買う気でいたので拍子抜けしてしまった。ありがたい内容なのだが、どこか腑に落ちない。

「こんな、契約もなしに許諾をもらっていいのだろうか……」

オフィシャル感もなく、しっくりこない気持ちを抱えたまま、1997年に上演したのが舞台『エクソシスト』だった。

舞台は大成功し、再演の要請も絶えなかったので、さっそくブラッティ氏に報告の手紙を送ると、「日本では反響があったのかもしれないが、私は見ていないからわからない」と、反応はとても冷ややかだった。

その歯牙にもかけない対応が、逆に私の心に火を付けた。ブラッティ氏に、直に公認してほしいという気持ちが一層強くなり、「あなたが認めてくれる『エクソシスト』をやりたいから手紙を書き続けます。私はあなたから『エクソシスト』の上演権を買って、正式に舞台を公演したいのです」と伝え、以降も毎月手紙を書き続けた。

そして、２０００年。

変わらず毎月手紙を書き続けていたものの、諦めかけていた頃……なんと、ブラッティ氏から『君はクレイジーだよ。上演権を買うなんてありえないし、あまりにもしつこくてうるさい。とにかく舞台のアウトライン（プロット）だけ送って』という返事がきたのだ。舞台だからこそ、映画とは違う着眼点でやりたいというメッセージを添え、必死になって英訳した台本のアウトラインを送ると、ブラッティ氏の評価が一変した。

『映画をそのまま舞台で上演するのではないんだね！　とても興味深い内容だったよ、

ぜひ会おう』と招待の返事がきて、ようやく２００１年９月29日、米同時多発テロで世界がまだ混乱にある中、念願のブラッティ氏に会いに渡米するのだった。

ウィリアム・ピーター・ブラッティ
1928年生まれ。脚本家として映画界に入り、1962年テレビシリーズ「インサイト」でブルーリボン賞、カトリック放送協会ガブリエル賞を受賞。『エクソシスト』ではアカデミー最優秀脚色賞を受賞。1990年、原作・脚本・監督を務めた『エクソシスト3』を発表。名優ジョージ・C・スコットを起用するなどして再びセンセーションを巻き起こした。

■大富豪ブラッティ

私は現地で活躍する通訳の早水サール富貴子さんと、メリーランド州にあるブラッティ氏の自宅を訪れた。これぞハリウッドといわんばかりの白亜の豪邸だった。

玄関に通されると、まず、早水さんが〝何か〟を発見して仰け反った。当時、アメリカでは通訳の方に誰の通訳をお願いするのかは伝えないし、聞かないことがビジネスマナーとされていたのだが、何かに強く反応した早水さんは、我を忘れて私にこう尋ねてきた。「こ、こ、これは一体どういうことですか？　今目の前に飾られているのは、本物のモネの絵です！　そしてあちらに飾ってあるのは本物のドガの絵です！　一体何者なのですか？」と。私が「ウィリアム・ピーター・ブラッティですよ」と言うと「ワオ！」と目を丸くしていた。彼女は美術系の仕事もしていたので、本物の巨匠の絵を間近で見られてテンションがおかしくなっていた。

しばらくすると、ブラッティ氏が出迎えてくれ、会ってハグをし、書斎に案内された。書斎の扉が開き、中に入った直後にブラッティ氏がこう言った。

「飼い殺しはしたくないから先に言っておく。丈二、これは努力賞。まめに手紙を送ってくれて10年目でやっと会えたんだから。上演権は渡す」

これから対談しつつ上演権の話に移ると思っていた私は出会い頭で「上演権を渡すよ」と、思いがけないスピードで告げられて身動きが取れなくなるほど驚いた。そして嬉しいと同時に不安もよぎった。なにしろ、映像権はワーナー・ブラザースが何億ドルも支払ってキープをしていたので、舞台上演権といえども5000万～1億円は要求されると思っていたからだ。

「うわあ、上演権をくれるって言い切っているけど、払えるかわからないよ～。とんでもない額だったら断らなければいけないし……」

というのが私の心の声だった。すると、そんな思いを読み取ったのか、ブラッティ氏は、あっさりと「5000ドルだけ送金してくれ」と言ったのだった！　当時は1ドル90円だったので、45万円程度。「一応、お金は発生させないとね」とブラッティ氏はにこやかに微笑んだ顔を私に向けた。彼にとって、私に上演権を与えるかどうかはお金の問題ではなかったのだ。

ブラッティ夫人が、わざわざ特注のクッキーを用意してもてなしてくれる中、一対一の対談が始まった。主な会話の内容は、私が書いた舞台用の『エクソシスト』の台本にまつわるものだった。私は、『エクソシスト』に託した思いを語った。資本主義社会にいつも感じている、弱者が成功者の犠牲にならなければ成立しないという歪な構図への疑念。善意で行ったことでも、結果として犠牲者になってしまうことの世知辛さなどを舞台で描きたいのだと話した。

すると、ブラッティ氏は「英語ではスケープゴートっていうのは、本来は他人の罪を被って罪を背負い、犠牲になるという意味だから、台本には少し言語的なズレがあったかもしれないけど、とても素晴らしかったし、丈二が描きたいことは伝わったよ」と言ってくれたのだった。さらに、原作と映画の相違点や、ブラッティ氏が映画版で気に入らなかった点、本当は映画に入れてほしかったシーンなども教えてくれたのだった。

きっと私には自分が本当に伝えたい〝本当のエクソシスト〟のテーマを描いてほしかったのだろう。そして、「人類が存在する限り悪魔も同時に存在して、だからこそ、どうにもならないことも受け入れられるのだ。できることなら悪魔が存在することに対する肯定的な部分をもっと取り入れてみてはどうかな」と提案してくれたのだった。

その後も、私はいずれブロードウェイで公演したいという夢や、ブラッティ氏本人とコラボレーションしたいこと、舞台の仕掛けとして手品やイリュージョンを使ってみたいことなどペラペラと自分の思いを語った。それを聞いてブラッティ氏はこう締めくくった。

「実は、『エクソシスト』が映画になる前に、君と同じくブロードウェイで『エクソシスト』をやりたいと志願してきた人間がいて、契約までしていたのだけど、小切手を送ってこなくて、結局その話はチャラ。そうこうしているうちに本が売れて、映画もヒットしたんだ。あの時のプロデューサーは運がないよね。丈二の舞台には期待しているよ。本当に今日は君に会えて良かった。天才ボーイにやっと会えたという感じさ。また会えるのを楽しみにしているよ」

2001年9月に行われたブラッティ氏邸宅での対談は、4時間半にも及んだ。

■お金ではないということ

4時間半にもわたる対談の中では、『エクソシスト』以外の話でも盛り上がった。

ブラッティ氏の家の近所には、彼の親友である俳優のポール・ニューマンが住んでいたのだが、「ポール・ニューマンと僕とで●●億円（具体的な数字はブラッティ氏との約束で明かせない）をソマリアに寄付しようと思うんだよね」と言うのだ。私が「どうして？」と尋ねると「だってね、そのお金で2時間戦争が止まるんだよ。だから前もって言っておけば、戦争を止めたその2時間の間に子どもたちは逃げられるでしょう？」と。そして、「こんな御殿で生活するのも、もう終わり。君も来てくれたし、招く客も『エクソシスト』関係者としては君が最後だから、僕はこの家を売却するんだ」と言ったのだった。

その後、ブラッティ氏もポールも本当に自宅を10分の1まで小さくして、2人で大金をソマリアに寄付し、実際に戦争を2時間止めさせたのだった……。

大金をもらっても心が豊かになるわけではないのはわかっていたけれど、ブラッティ氏の話を聞いて、改めて芸術の世界はお金ではなくハートなんだなと強く感じたことを覚えている。舞台上演権で何億円も持っていくのかと思えば、たった45万円であったし、彼はソマリアの子どもたちのために私財を投げ打ったのだ。

私も、人のために演劇をやると決めていたのにいつしか金儲けに走っていたなと気づいて、『エクソシスト』をしっかりやるために会社を辞めようと腹を決め、日本に帰国するとすぐに、声優育成のために11年間携わっていたNナレ事務所を辞めたのだった。妻には反対されるかと思ったが、「お金であなたと付き合っているわけじゃない」と言われてとても嬉しかったのが印象的だ。これまでも十分演劇を頑張ってきたつもりではあったのだが、本格的に演劇の道に進むことになったのは、ブラッティ氏と会い、Nナレを辞めてからだったと思う。

■『エクソシスト』を上演して

先の心霊史の文章には『エクソシスト』上演中は「特に何も起きなかった」と書いたのだが、実は少しだけ心霊現象が起きていた。稽古場での心霊史の中では埋もれてしまいそうな話なのだが、台本読みをしていると誰も言っていないのに「no on my own (ここにいるのは私じゃない)」という悪魔のセリフが、聞いたこともないような恐ろしい低い声で聞こえてくるのだ。その声を耳にした途端、白い息が出そうなくらい強烈に室温が下がる。同時にコンクリートの壁がピシピシと鳴り出し、ピキピキと割れていくのだ。稽古場が壊される恐怖を感じた。

その声を耳にするたび、敬虔なカトリック信者であるブラッティ氏からの忠告を思い出すのだった。

「丈二、『エクソシスト』の扱いにだけは気をつけなさいよ。**君もわかっていると思うけれど、これは本当にあったストーリーだから捻じ曲げるとツケが回ってくる。**一度、新約聖書を翻訳してからこの作品に取り掛かりなさい」

実際、『エクソシスト』の映画に関わった人間は、監督役を演じたジャック・マッゴーランが撮影の5日後に突然死したのをはじめ、9人も次々と亡くなっているというから、彼も本気で忠告していたように思う。私は稽古場に響く悪魔の声を聞きながら「扱いだけは気をつけろ、扱いだけは気をつけろ……」と頭の中で反芻していた。その甲斐あって、上演中は何事も起きなかったのだろうか。あまりにも壁が割れていくので補強工事を行うことになったのは痛手だったが、それくらいで済んだのだから良しとするべきだろう。

今でも時折よみがえる、あの嫌な声……。あれはやはり悪魔の声だったと確信している。

特別企画②

心霊対談：横澤丈二×角由紀子（オカルト編集者）
「幽霊との交流でわかった死後の世界」

角　はじめて私が横澤さんにお会いしたのは２０２０年の『怪談新耳袋Gメン』での撮影でしたね。当初、私は神奈川県の心霊スポットに行くだけの役割だったのですが、製作を担当していた後藤さんが「１週間後にとんでもない場所の撮影に行くんだよ」と教えてくれたので、出演予定はなかったのですが「お願いだから行かせてください、見学だけでもいいので現場に行きたいです」と頼み込んで行かせてもらったのが最初です。

横澤　そうだったのですね。最初から出演が決まっていたのかと思っていましたが、角さんが頼み込んで勝手に押しかけていたとは！（笑）

角　後藤さんはもう15年以上心霊スポットドキュメンタリーを撮っている方で、これまで１００ヶ所近い心霊スポットに行っているのですが、そんな後藤さんが「三茶の心霊スポットはどうやらレベルが違いそうだぞ」と言ってたので気になったのです。しかも「実は僕が通っていたキャバクラもそのビルにあって、店主も幽霊を見たっていう話を偶然聞いてたから、信憑性が高いんだ」と。

横澤　キャバクラの話は私も知らなくて、後藤さんから初めて聞きました。

★信用できなかった心霊現象

角　私は初めて訪れた時に〈鏡から水の出現・お香の匂い・電気の明滅・白い手の出現〉など一通り経験しましたが、初めはそれでも信用できず、何か仕掛けがあるとずっと思っていました。横澤さんのことを信じたいけれど、こんなにハッキリと幽霊が出るなんて前例がないことでしたから、自分で心霊体験をした後も100%は信じ切れなかったのです。横澤さんはとても良い人だけど、類を見ない程のオカルト好きでしたし、「人を楽しませようとして、善意でカラクリを作ってしまって引っ込みがつかなくなっているのかもしれない」と思ったこともありました。でもお金儲けをしているようにも見えないし謎だなぁ、と。

横澤　あははは。私が仕掛けを作っていたらそれこそ「人怖（ひとこわ）」ですよね。これだけの嘘をつける人間がいるとしたらそっちの方が怖い。多額の費用をかけて稽古場を最新のお化け屋敷に変え、無償で人を怖がらせて喜んでいたとしたら、だいぶおかしな人ですよ。

角　そうですよね（笑）。30年間心霊現象が起きていて、横澤さんがメディアに出たのはここ2年くらいの話ですから、有名になることが目的だとしたらネタを寝かせすぎです。私もあれから1年くらいかけて何度も検証して、稽古場の隅々まで調べて何も仕掛けはなかったので今は完全に信じています。不思議なもので、2〜3回心霊体験をしたくらいでは、人はそれを心霊現象だとは認められないようで、目の前で白い手を見た人たちも「ホログラムではない、人形でもない、人が潜んでいるわけでもない、手品でもない、でも心霊現象とは言いたくない、なんらかの科学現象だ」と言う方がほとんどでした。でも、現状の科学であの現象は説明できないわけですから、未科学の分類、つまりオカルトであることには違いありません。でも、なんとかして「科学」というワードを使いたいのでしょうね。ある時期から、私は彼らが「よくわからない存在」をかたくなに認めようとしない態度に違和感を抱き始めました。わからないものに対して「わかるはずだ、何かあるはずだ」と言い続けるその姿に、どこか傲慢さを感じたのです。普段はとてもいい人たちですし、私も最初は「解明できるはずだ」と主張してたんですけど（笑）。

横澤　うちのスタジオ生でも、何度も幽霊を見ているのに「幽霊はいない！」という発言を繰り返す人がいました。個人の勝手だから別にいいんですけど、なんでいるのに

「いない」と言うのかはよくわかりません。幽霊のいない世界で生きたいという願望がそう言わせているのかもしれませんね。

角　ヨコザワ・プロダクションの現象が面白いのは、これまで「信じたい・信じたくない」の二択だった心象表現としてのオカルトに風穴を開けたことです。たった1度しか起きないユニークな出来事に対して科学は無力だからこそ、オカルトは非科学といわれてきましたが、ここでは何度も起きる。しかもある程度法則性がある。そういう意味では科学の対象となり得る場所だと思っています。

横澤　まさにそのとおりで、私もこの現象はいずれ科学的に解明されると思っています。ただし、死者といえど相手は元人間です。人間の人生を科学では解明できないように、彼らのすべてを解明することはできません。しかし、人間の肉体や神経回路など人体のメカニズムが科学的に解明されつつあるように、部分的な解明はできると思います。たとえば、どういう環境において彼らは出現しやすいかとか、彼らを構成している物質がなんだとか。でも、存在そのものに対しては、人間がなぜ存在しているのかがわからないように、わからないままの可能性もあるような気もします。

角　人生の意味は科学では絶対にわからないから「哲学」という分野があるわけですし、死後の世界がそう簡単に暴かれるとは思わないし、そもそも宇宙の成り立ちすらわかってないわけですから、死後の世界の全貌について早々に結論が出たらそれはまやかしだと思います。でも、彼らが何者なのか、どんな素材で構成されているのかは純粋に知りたいですよね。

横澤　それでいえば、彼らは明らかに電気に反応しています。ですから、電気を通す存在じゃないかと思っているんです。

角　水も電気を通しますしね。

★コックリさんでわかったこと

横澤　コックリさんも、我々の脳に電気を送って筋肉を動かし、プレート（一般的には10円玉）を移動させているんじゃないかと思っています。

角　プレートだけ置いていても動いてくれませんからね。おそらく、物を動かすのにはかなりのエネルギーを必要とするから、人間の体を使わないと動かしにくいのでしょう。だから、本来コックリさんは10円玉よりも軽い1円玉の方が動きやすいのかもしれません。我々が使ったプレートも軽いものでしたので、こちらの筋肉の動きにすぐに反応して滑ってくれました。

横澤　幽霊がコックリさんにエネルギーを使って疲労していくのを見ているので、最近は「照明」を使って会話することも増えました。「〝はい〟なら2回点滅、〝いいえ〟なら1回点滅して」とお願いすると、会話が成立するんです。彼らにとっては、コックリさん以上に便利なチャット機能なのではないでしょうか。

角　そうかもしれません。確かに、コックリさんをしていると、明らかに相手（幽霊）が疲労してきたことが体を通じてわかります。「鳥居におかえりください」とこちらから言うまでもなく「もう疲れたから帰りたいです」っていう空気がわかるんですよね。

横澤　そうそう。あと、子どもが降霊した時もわかりますよね。明らかに文字が読めていなかったり、集中力がなく、体力もなく、会話をしていてもすぐに飽きてしまったり。そんな子はたいてい3歳〜9歳くらいです。ひどい時はただプレートを回したいだけで、紙面の上をぐるぐる回って遊んで去っていく（笑）。

角　まさしく！　あれは子どもの仕業なんですよね。でも、プレートがぐるぐると回っている時は、何か答えを迷っていたり探っていたりすることもある。ほかにも、一瞬こちらの世界を見失ってぐるぐるしてしまっている感覚が伝わる時もあります。我々で言うと、急に電気が消えて真っ暗な部屋で手探り状態になっている感覚でしょうか。

横澤　ぐるぐるし始めて数分たつと、突然ポルターガイスト現象が起きたりすることもありましたよね。エネルギーの渦が臨界点まで達すると、超常現象が起きてしまう。幽霊の感情が爆発したのかな？　と思うことがあります。

角　人間にも、ＰＫ（サイコキネシス＝念力）があるといわれていて、超心理学の分野では、大勢の人が騒いだり、感情が高揚したりすると、乱数発生器から出る乱数に偏りが生じるという実験結果が出ています。つまり、意思が物質に影響を与えるということです。このＰＫが強い人はガラスを割ったり電気を消したりすることができる。いわゆるホラー映画の『キャリー』みたいなもので、感情が爆発したり、集中力を高めたりすると超能力が発動してしまう人たちです。私は、幽霊にもそれに近いものを感じましたね。あくまでも仮説ですし、全く別のメカニズムかもしれませんが。

横澤　幽霊に意識があるということは私も感じました。というより、ありますよね。

角　なんなのでしょうね。でも、我々はコックリさんを用いて稽古場にいるメインの霊10体と通りすがりの霊40〜50体と会話していますから、この動きはアレだコレだというのが、統計的にわかってきましたよね。

横澤　会話したことで、幽霊が単なるエネルギー体ではなく意思があることを知ったのは大発見です。現代医学においては、心臓や呼吸が止まる心臓死と、脳が全く働かなくなった脳死の2つがあるわけですが、少なくとも脳死は死ではないということがわかったような気がします。つまり、死んだ後も意識があるのですから、脳死状態では確実に意識があるということです。人間の記憶や意思、感情は脳のメカニズムによるものだといわれていますが、じゃあなぜ幽霊に意思があるのでしょう？　脳という器を持たないのに意識があるというのは矛盾しています。

角　幽霊との会話方法が確立できれば、脳死患者との会話もできるかもしれませんよね。そしたら、自分の意思で臓器提供を決めることもできるかもしれない。

横澤　「人の死」の定義を今わかっている科学にだけ則して語ってしまうと、重大な事実を逃す気がするんですよね。宇宙の物質の９割もわかっていないし、その未科学の中に死の論理があるのではないかと思っています。

角　死の哲学的な定義も議論されるわけですが、ヨコザワ・プロダクションを使えば検証も実証もできるわけですから案外科学に則した答えが導き出せるかもしれません。

横澤　私はうちの稽古場は死の世界と、生の世界をつなぐ分節点じゃないかと思うんです。パスポートが無効になって、入国も帰国もできなくなった男が空港内で生活する

『ターミナル』という映画がありますが、うちの稽古場はそんな場所なんじゃないかと。黄泉の国でもない、人間界でもない場所があって、そこにいる幽霊が会話をしに来ているんじゃないかと思うのです。ですから、死の瞬間に、自由に〝生きられる〟ターミナルにワープできた人と、そのままターミナルの存在を知らずに成仏してしまった人とで分かれるのではないでしょうか。つまり、幽霊は、基本的には全員死後の世界にいるのかもしれませんが、うちの稽古場のような分節点を知っている人がそこに来て、生の世界に向けて情報を発信しようとする。ブラックホールなのかワームホールなのかわかりませんが、幽霊も我々が見える瞬間があるし、我々も幽霊が見える瞬間があるのかもしれませんよね。

角　興味深い新説です。

横澤　自分の意識をなくしたい、宇宙のエネルギーになりたいという人はそうなるのかもしれないけれど。死後の〝生き方〟を選べる場所があって、意識がある幽霊は自らそれを選んでこちらの世界に出てきているのかもしれません。意識がある以上は快楽も感じているでしょうし、オーガズムもあると思うんです。だから、そういうのが好きな人は亡くなってからも意識がある状態を選ぶんじゃないかな。実際にそういう幽霊がいましたし（笑）。

角　いましたね、快楽主義的な幽霊が（笑）。では、単なるエネルギーと化した〝意識を持たない幽霊〟は地球上にいないと考えていますか？

横澤　それもいると思うんです。たとえば、広島市への原子爆弾投下で被爆した際に、住友銀行広島支店の入り口前で座っていた人の影の跡とされている通称「死の人影」があるでしょう？　おそらくその「死の人影」に意思はない。エネルギー体としての幽霊もこれと同じで、死の衝撃エネルギーだけが現場に残っていて、意思はない状態なのではないのでしょうか。持論ですが……。

角　なるほど。「死の衝撃エネルギー＝死の情報エネルギー」ですね。物理学的には固体・気体・液体・プラズマと並んだ第5の物質として情報にも質量が存在する可能性が挙げられているので、ありえます。死後の世界にもあらゆる場所があり、また、一口に「幽霊」といってもいろんなパターンがあるというのは面白いですね。よく、生まれてくる前の赤ん坊が雲の上から両親を見つけて神様に指名し、自分の選んだ母親のお腹に宿るという話があって、その赤ん坊のいる場所はスピリチュアル用語で「幽界」といわれているんです。死後の世界はざっくり分けて神界（神）・天界（天使）・霊界（魂が生まれ変わりの準備をする場所）・幽界（幽霊）が人間界（人間）の上に存在するといわれているのですが、稽古場に来る霊は意識があるので幽界の人々。その幽界と人間界をつなぐ分節点が稽古場で、さらに、人間界にはエネルギー体として残った単なる物質としての霊もあるのではということですね。

横澤　はい。そしてさらに悪魔界というのが存在すると思っています。ウィリアム・ピーター・ブラッティも言っていましたが、神がいるということは、悪魔もいるということです。悪魔は人間の邪悪な心、特に権力欲を操って人間界を支配しようとする存在で、人間の中には悪魔と契約した人物がたくさんいると思っています。たとえばプーチン大統領。彼は、こんな時代でもまだ地上戦を繰り広げていますが、人間の血を悪魔に飲ませるために行っているような気がしてならないのです。幼稚な仮説だといわれそうですが、長年、悪魔学を調べてきた私にはそう見えてしまうんです。頭がおかしいと思われるかもしれません（笑）。

角　頭がおかしいとは思いません。私は悪魔学に詳しくないのでその接点やパースペクティブに気づかなかっただけです。ありえる話なのかもしれません。逆に、横澤さんは神様を見たことはあるのでしょうか？

横澤　残念なことに、神様に出会った経験はありません。ただ、リスペクトできる人間に出会った時、神の存在を感じるんです。他人に優しくすることができて思いやりがある人は無条件でリスペクトします。ブラッティも言っていました。「神の存在を心から信じると、家族も豊かになるんだよ。だから、なんでもいいから信じる物を作りなさい。そして、優しさを信じなさい、優しさを信じれば神様が見えてくるよ」と。「心の中にいつも神様の原石があるのだから、他人を羨むのではなく、優しくすること。そのためには自分に自信をつけなさい」と。『エクソシスト』も、少女を救うために大の大人2人が死んだことに意味があって、日本では悲劇と捉えられるかもしれないけど、僕にとっては大人がそれだけ子どもに尽くしてあげる優しさを持っていたというハッピーな話なんだよ」と言っていました。私もそう思うんです。

角　優しさは重要ですね。最低限の優しさやリスペクトを示さないと、幽霊も人間に怒って祟りのようなことを起こすということがこの本でも明らかになりましたしね。

横澤　実は僕、スクエアという降霊術を行って、実際に幽霊を鏡に閉じ込めたのが長年トラウマになるくらい怖かったんです。あの光景は今思い出しても鳥肌が立ちますし、間接的に人を殺したみたいな感覚だったんです。だから「悪いことをしてしまった……」という印象が抜けなくて、コックリさんも最初はやりたくなかった。でも、会話したら鏡の中に入った後も意外と快適な暮らしをしていることがわかって、とても安心しました。

角　映画『三茶のポルターガイスト』では鏡の中の幽霊と会話していましたものね。

横澤　今ではもっと早くにコックリさんをやっていれば良かったと後悔しているくらいです。心霊現象は調べれば調べるほどいろんなことが紐付いてくるし、訓練すれば霊と会話もできる。このビルも老朽化が進んで取り壊しも近いと思うので、残る時間を使ってもっと死後の世界について深掘りできたらいいなと思っています。

角　死後の世界、知りたいです！

★白い手が見えない人

角　ところで、横澤さんはもともと霊感があるので、たくさんの幽霊を見ていますが、横澤さんにしか見えない幽霊もいるのでしょうか？

横澤　いると思います。たとえば、本書（158ページ）に出てきた車に乗っていた黒焦げの女性の霊なんかは、僕にしか見えていなかったと思います。稽古場に連れてきてしまった後からは他のスタジオ生にも見えたことはありましたが。

角　でも、あの白い手は誰でも見えますよね。

横澤　いえ、見えない人がいるんです。なぜか物質的な霊が見えない人がいるんですよ。それも、ハッキリ出ているほど、見えないらしいのです。だって、影が出るほどの手ですし、映像にも映るんですよ？　でも、スタジオ生の数名だけは見えないんですよ。

角　えええええ！　あれが見えないなんてことがあるんですか？　だってハッキリ出ているじゃないですか。

横澤　デニスさんの『デニスの怖い YouTube』でも、松下さんの目の前に白い手があったのに本人は気づいてなかったじゃないですか。

角　映像には映るのに変ですよね。どういうことなのかさっぱりわかりません。私はこの目で何度もはっきり見ましたよ。

★メディアに出た反響

角　２０２０年以降、メディアに出られるようになってクレームなどはあったのでしょうか？

横澤　ありましたよ。しょっちゅう「ヤラセはやめろ」と電話もかかってくるし、無言電話も増えました。プロダクションのメールにも「ヤラセはやめろ」とくる。それを見て「ああ、信じない人もいるんだなあ」と思うわけですが、中には「YouTubeやテレビの映像だと黒幕で隠された部分が多いから、損をしていますよ」など、アドバイスをくださる方もいらっしゃった。その隠れた部分については映画『三茶のポルターガイスト』でクリアにでさていると思いますが。アンチと信じたい気持ちの間で揺れている人からのメールもきますよね。

角　スタジオ生の親御さんからのクレームもあったりしたのでしょうか？

横澤　ありましたよ。テレビで稽古場の放送を観て「これはヤラセですか？　エンターテインメントなのか、本気なのか教えてください」と。「ヤラセではありません」と答えると「うちの子は大丈夫なのでしょうか？」と焦っていました。不安になるのも当然ですよね。なんとか説得しましたが、逆に「幽霊が出る稽古場に通っていて羨ましい」といった反応をする親御さんもいらっしゃるので人それぞれです。

角　稽古場に幽霊が出るという理由でやめられたスタジオ生さんは何人くらいいらっし

ゃるのでしょうか？

横澤　年間2～3人は「霊が怖いです」と言ってやめますが、言わないだけで本当は怖くてやめている子もいるでしょうね。たぶん、トイレで話しかけられたりしたのではないでしょうか。1人でいる空間で何かをされるのは恐いですから、気持ちはわかります。でも、ほとんどの子が幽霊に慣れていくので大丈夫です。むしろ楽しんでいるという子もたくさんいますよ。

角　メディアに出て稽古場の様子が変わったりするのですか？

横澤　少し出方が変わりましたね。攻撃的になるというか……。地上波の放送とかだと、たった2～3時間の撮影という場合もあるのですが、それでも畳み掛けるように出て来るので、幽霊は意外と〝出たがり〟なのかなとも思います。でも、たとえばデニスさんの『デニスの怖い YouTube』でも、芸人のニューヨークさんとのコラボ動画で白い手が出てくれるといいなあと思ったのですが、そういう我々のいやらしい気持ちは汲んでくれないんです（笑）。

あとは、メディア撮影が終わった後に全く現象が起きなくなったりもしましたね。その時は「ああ、もう去ってしまったのか」と思いましたが、今思うと休養期間だったのかもしれません。テレビに出るのは人間でも疲れますから、幽霊も疲れたのでしょう。

あるいはメディアが来たことによって、稽古場のエネルギーが変わり、幽霊が分節点を見失ったのかもしれません。または、分節点のフリをした罠だと思われたのかも。一度キー局の撮影で霊能者さんが訪れたことがあったので「除霊されると嫌だ」と思った幽霊たちがこの稽古場が敵か味方かを見極めていたのかもしれませんね。

角　この稽古場での除霊だけは絶対に禁止にしてほしいです。霊能者さんには数珠もつけずに丸腰でお越しいただき、お経は絶対に唱えないことを約束してほしいですね。

横澤　ははは。その通りです。

角　メディアが来て少し幽霊の様子も変わったということですが、霊現象と横澤さんご自身のメンタルやコンディションはシンクロしていたりはするのでしょうか？

横澤　それはないと思います。連動するとすれば、地球の状態や社会情勢ですかね。実は、天井から手がバンバン出る時は地震が起きやすい傾向にあります。そして、水害の時は下から手が出て来ることが多いです。鏡から水が出始めたのはコロナ直前ですし……。なんでも紐付けて考えるのもよくないのですが、災害と心霊現象は連動しているような気がします。

だから、死後の分節点にいる人たちは、我々よりも早く情報が得られているのではないかとも思います。時空が違う場所なわけですから、未来からやってきている人もいるのではないでしょうか。だから危険を教えてくれるのか……。磁場的な問題なのか……。

角　よく、UMAは大事件の前に出やすいという話もありますし、超常的な現象は23日か24日に起きやすいという偏りもあるようです。地球の状態との関連はあるのかもしれませんね。

話は変わりますが、好きなホラー映画はありますか？

横澤　『悪魔のシスター』『エクソシスト』『ローズマリーの赤ちゃん』『デアボリカ』ですかね。共通点は悪魔が出て来るホラー映画ということです。小学校3年生の時に『エクソシスト』の小説を読んで、それから映画を見た影響が強いんです。悪魔の存在は、『エクソシスト』にすべて書き込まれていますから、私の中で「悪魔はいる」という確固たるものができたのでしょうね。あと、単純に怖いものにはどうしてもワクワクするんです。童心にかえりたい時にホラー映画を観ますね。

角　横澤さんは確実にこの世ならざるモノに導かれて生きてらっしゃいますよね。運命や宿命はあると思いますか？

横澤　あると思います。実は、体験したことがあるんです。小学校低学年の時、僕はリコーダーが吹けませんでした。家は貧乏でピアノやキーボードなどの音楽経験も全くない。ですが、ある日、後ろから「笛吹けるよ。だってそういう運命だからね」っていう声が聞こえたんです。それが気持ち悪くて気持ち悪くて。でも、音楽の授業で「クワイ河マーチ」を吹く順番が巡ってきた瞬間に、これまで全く読めなかった譜面が読めて吹くことができてしまった。その後出会った映画が、20世紀アメリカ前半の大衆音楽を代表するバンド・リーダーであり、トロンボーン奏者としても知られたグレン・ミラーの生涯を描いた『グレン・ミラー物語』。そこで音楽っていいなと思うんです。さらにその後出会った映画が、クラリネット奏者ベニー・グッドマンの人生と成功を描いた『ベニイ・グッドマン物語』。これを観て、中学校ではブラスバンドに入ってクラリネットを吹きました。そしてクラリネット奏者として日大藝術学部の音楽科に進むわけです。その学生生活の中で演劇と出会って、仲代達矢さんと宮崎恭子さんの稽古場から生まれた若手俳優のための塾「無名塾」を受けたわけなんですが、この塾生になるには身長が180センチ以上必要でした。でも、私は173センチで受かってしまった。なぜ受かったのか後から聞くと「クラリネットが吹けるから」という理由もあったのです。私が演劇の道に入ることができたのは笛のおかげなんですよ。だから、「宿命は誰かが決めている、けれどもスキルによって運命が変わる」と私は思っています。与えられた宿命のスキルを上げれば多方面で活躍ができるんです。

角　すごく納得がいく話です。横澤さんは日本のみならず海外でも活躍するほど結果を出されていますからね。

★韓国と物質的な幽霊

横澤　２００６年から２００８年は韓国ドラマの本編とノベルティの版権を取得するために韓国にも行っていて、韓国語が少し話せるようになるまで上達しましたね。あ、稽古場とは関係ありませんが、そこでも不思議な体験をしましたよ。

角　どんな体験でしょうか？

横澤　当時はよく明洞（ミョンドン）などでホテルをとっていたのですが、その時は梨泰院（イテウォン）のホテルに泊まったんです。オーナーが人形が大好きな人で、フランス人形やお菊人形がダーッと並んでいるようなホテルでした。私はそこでデンマークのものだと思われる女の子の人形が並んでいる部屋に泊まったのですが、ホテルに入った瞬間、ある人形が「おい、おい！」と声をかけるような感じで手招きするような、肩を叩くような、そんな手の動きをするんです。しかも、口も「ＯＩＯＩ」とハッキリ動いている。はじめは、オーナーがウェルカム用として置いたゼンマイ式の人形だと思ったのですが、見るとゼンマイがないただのフワフワした人形でした。「ひえええ」と思って、怖いけどシャワーを浴びにシャワー室に入ったのです。すると、曇ったガラスの向こうでその人形がテクテク歩いているのが見えるんですよ。まるでチャッキーです。また「ひえええ」と思って部屋に戻ると、その人形は元いたベッドの上に座っているんです。でも、じーっと僕を見つめているのはわかりましたね。日本の幽霊はあそこまで派手には動かないですから、さすが外国だなあと思った記憶があります。あ、1度だけ日本でも巨大な日本人形が道を歩いて横切る場面は見ましたが……（笑）。

韓国はキリスト教の信者も多いから、街中にたくさん教会もあるし、物質的な霊が出やすいのかなとも思いましたね。あの時はたくさん〝影〟をもつ幽霊も見ましたよ。透明でもないし、ハッキリと出現するけれども、幽霊なんです。だからあの時に幽霊にも影が出るのだとわかってこれまでの概念が覆りましたね。

角　キリスト教には身体的な霊性に関する話もありますからね。

横澤　人形が歩いたり動いたりする現象を目の当たりにした翌日、私は脱北者の両親をもつ韓国の映画監督ピョン・ジョンウクさんに会ってその話をしました。当時、ピョン監督はトレンディドラマを撮っていたのですが、超有名韓国俳優のIさん主演で私の演出のもと『エクソンスト』の韓国版を撮ろうとしていたのです。私が人形の話をしたら「そのくらいのことが起きる部屋なんていくらでもあるでしょ。韓国ではよくあることだよ」と言われて拍子抜けしました。ピョン監督いわくですが、韓国には理不尽な殺され方をした方が多いから、悪魔と契約した人や霊も多いのだそうです。

その頃、ピョン監督は、1974年8月15日の光復節（韓国の独立記念日）29周年記念式で朝鮮総連系の在日青年・文世光が朴正煕元大統領を狙って拳銃を発砲して絞首刑になった事件を映画化した作品『木蓮の女人』を撮影する予定でした。この映画は、文世光が実は韓国政府に遣わされたヒットマンで、北朝鮮でも英雄視されており、死刑になったはずが司法取引によって北朝鮮で生きているというセンセーショナルな内容でした。その映画がクランクインする時、彼の両親が運転する車のブレーキが利かなくなって父親が複雑骨折をするんです。「命を狙われた」ということで撮影が取りやめになってしまうんですね。悪魔的なことがおきてしまったわけです。

ピョン監督も見える人で、うちの稽古場に来たことがあるのですが、「あ、ここは幽霊がいるね！　ここが気になる」と言って指を差したのが、カーテンを閉めていたはずの鏡でした。でも「このぐらいのレベルの空間はいっぱいあるよ」と言われたので少しムカッとしたのを覚えています（笑）。冗談はさておき、ピョン監督はとても優しく、わかち合いの心を持っていて、監督である前に大変紳士的な人でした。その一方、いざ作品となると人を寄せつけないほどの集中力。この作品と心中するんだというような緊張感のある現場が作れる素晴らしい監督でしたよ。

★映画『三茶のポルターガイスト』

角　『三茶のポルターガイスト』では私もメインナビゲーターとして出演させていただきました。あの映画の撮影で散々コックリさんをやったわけですが、それ以外にも様々な現象が起きましたね。

横澤　怖かったですね〜。僕は最初コックリさんをする時手が震えてしまって、全然プレートが動かせなかった記憶があります。それ以外にもいろんなことが起きたので、やはりこの稽古場は時空が歪んだ場所だということが証明されましたよね。

角　何よりも、私自身「この場所には仕掛けやヤラセがない」ということを確信できたのが嬉しかったです。あれだけ皆でチェックして「何もない」という結論が出せたことに成果を感じました。最初は「もし、ヤラセだとわかったらどうする？」と監督と相談して「それも撮ろう」という話になっていたのですが、その結末にならなくて良かったし、おまけにトンデモナイものが撮れてしまいましたからね……。度肝を抜かれました。本気で震えましたよ。

横澤　ぜひいろんな方に観ていただきたいですね。

角　観ていただきたいのですが、懸念事項も。実は、某TV局で例のレインコートのおばさんの映像を流そうとしたのですが、結局流れなかったことがあったんです。番組スタッフ数人がその映像を会議室で見ていたら、急に電灯がチカチカし出し、さらに見終わってエレベーターに乗ったら女の人が乗ってきて、みんなに挨拶をしたそうなのですが、気がついたらその人がいないんですって。気味が悪すぎるということで、その映像は地上波では流せないという結論に至ったそうです。

横澤　へえ、そうだったんですね！

角　映像に出てくるレインコートのおばさんが「エレベーターに出現する幽霊だ」とは一言も伝えていないのに、番組スタッフの方からエレベーターの話が出てきたので驚きました。だから、映像を見ただけで何か霊現象が起きる可能性があると思うんです。それが大丈夫な人にはぜひ映画を観ていただきたいですね。

横澤　たしかに、映画の完成前に稽古場で関係者試写会を行った時も、心霊現象が多発してしまって大変だったんです。特に、コックリさんのシーンになるともう収拾がつかなくて……。観に来られた方々もびっくりしていました。

角　「試写会が怖すぎた」って、この映画の関係者から聞きましたよ（笑）。そういえば、『怪談新耳袋Gメン　ラスト・ツアー』の映画公開記念イベントの際も、代々木のロッジというイベント会場で電気が明滅するという心霊現象が起きました。だから『三茶のポルターガイスト』も映画館で映画が止まる……なんてことがないといいのですが。まあ、あっても宣伝になるか（笑）。

横澤　とにかく、想像を絶する映像が撮れているし、めちゃくちゃ怖いので怖さを求める人々には訴求できるんじゃないかな。

角　そうですよね。この後、横澤さんはスタジオをどのように展開していく予定なのでしょうか？

横澤　もうすぐ取り壊しになってしまうと思うから、やっぱり降霊術を利用して死後の世界をもっと追究し、それをまとめたいと思うんです。幽霊が教えてくれた死後の世界なら説得力があるじゃないですか？

角　現場からお伝えしているわけですからね。

横澤　まだまだ知りたいことがたくさんあるので、自分なりに研究していこうと思っています。

おわりに

　このようなオカルト現象が起こる稽古場というのを本や映像で残すということは、プロダクションの営業的にも社会評価的にも、不動産的にもリスクマネジメントを考えればありえないことである。しかし、なぜ、今になって頻繁にうちの稽古場をメディアに出しているのかというと、古いビルなので期限が限られているからだ。年々、ビル管理会社からは「水漏れ事故がありました」と報告が入ることが多くなってきており、遠回しに「大きな破損などが見つかれば建て直しになりますよ」と伝えられているのである。さすがにこのビルももう56歳でアラウンド還暦なのだ。普通のビルと違って、深夜営業のテナントも多いので、ビルは24時間フル稼働。普通のビルの60年とは劣化の仕方が全然違う。それくらい老朽化したビルなのだ。先が長くないのも容易に想像できることだろう。

　たとえこの稽古場がオカルト現象が起きるということで有名になったとしても、会社としての経済効果があるかというと、逆にマイナスに働くと私は思う。会社のイメージ、それから俳優養成所としてのイメージはオカルト現象とは逆のベクトルにあるからだ。

長年いるスタッフや、スタジオ生、スタジオ生から昇格して劇団員になったメンバーからも会社や劇団のキャリアに傷がつくということで反対派が出たのも事実だ。しかし、そんな声がありながらも強行突破して稽古場を映像に残すことを決めたのは、ビルの寿命を肌で感じているからだ。このビルがなくなってしまう前に大変リスキーではあるが、この稽古場を映像や文章に残そう……そう思ったのである。自己満足と言われてしまうかもしれないが、自身が創立させて30年以上も経営できたという自負があるので、一つくらいは自分で決めてしまってもいいだろうと思ったのだ。これは商売を目的としたらできないことである。

びっくりしたのは反響が大きすぎたということだ。心霊スポットなんていくらでもあるし、オカルト現象についても一世を風靡した「ほんとにあった!呪いのビデオ」シリーズがあるように、今までたくさんの現象が映像に残っている。うちの稽古場を映像に残したところで、大して話題にはならないと思っていた。

しかし、毎日のようにうちの稽古場のことがSNSやYouTubeで話題になっているので、結果的には映像に残して良かったと思っている。

降霊術で鏡の中に入れてしまっている白い少年のことは度々目撃はするものの、不思議なことに全体像を映像に収めることは今まで一度もできなかった。何日間かにわたり定点カメラを仕込んでみても、収められるのは手や足という一部分のみだった。じゃあ、何十日も何ヶ月もかけて撮ればいいじゃないかと読者の皆様は思うかもしれないが、ここは演劇の稽古場なのだ。朝練で7〜8時にやってくる子もいて、昼クラスに夜クラスもある。先にも述べたが、うちは毎週オリジナルのラジオドラマの収録もしているため、夜クラスが終わった後はスタッフがやってきてラジオの編集作業をする。そんなこんなで定点カメラを仕込んで稽古場を無人にするということは時間的に無理なのである。

ということで、なかなか白い少年の姿を収めることができなかったのだが、まぁ肉眼で見てるからいいやと思っていたところで奇跡が起きたのである。どんな奇跡が起きたのかは、映画『三茶のポルターガイスト』で、ぜひたくさんの人に見ていただきたいと思う。それはもう、想像を絶する程のものだった。

この本には、心霊現象だけでなくヨコザワ・プロダクションの歴史、そして私の半生が詰まっている。読み返すと、両親や師匠、先輩、スタジオ生、スタッフ……色々な人々に支えられてきたと改めて実感する。この本を手にとってくださった読者の皆様にも感謝したい。私の体験談を機に、少しでも異次元の世界に興味をもってくれると嬉しい。そして何よりも私の心の支えとなったのは、ウィリアム・ピーター・ブラッティ氏の『エクソシスト』、そして常に新しい発見と驚きを与えてくれたこの稽古場だ。我々の知らない世界を教えてくれ、この世ならざる者との接点をつくってくれた彼らに心から感謝したい。ありがとう。

そして、映画『三茶のポルターガイスト』や本書の執筆を経て、また新たな道が見えてきたのも事実だ。私には、このビルが取り壊されるその時まで、これまで以上に幽霊たちと接し、会話しなければならないという使命があるように思えてならない。これは、エキサイティングな体験をさせてくれた彼らへの恩返しでもあるし、私の個人的な興味でもある。「もっと、知らない世界を知りたい」その気持ちがまた次のステップへと繋げてくれると信じている。

編集　角由紀子
本文デザイン　幻冬舎デザイン室
この作品は書き下ろしです。

日本一の幽霊物件

三茶のポルターガイスト

横澤丈二

令和5年3月10日　初版発行

発行人――石原正康
編集人――高部真人
発行所――株式会社幻冬舎
〒151-0051東京都渋谷区千駄ヶ谷4-9-7
電話　03(5411)6222(営業)
　　　03(5411)6211(編集)
公式HP　https://www.gentosha.co.jp/
印刷・製本―図書印刷株式会社
装丁者――高橋雅之

検印廃止
万一、落丁乱丁のある場合は送料小社負担でお取替致します。小社宛にお送り下さい。

定価はカバーに表示してあります。

幻冬舎文庫

ISBN978-4-344-43280-2　C0195　よ-32-1

この本に関するご意見・ご感想は、下記アンケートフォームからお寄せください。
https://www.gentosha.co.jp/e/